KB038727

어떤 죽음 2

경희대학교 인문학연구원
HK+통합의료인문학연구단
통합의료인문학문고 05

어떤 죽음 2

문학 속 인물편

죽음에 대한
인문학 이야기

김학중 우찬제 최성민 이상덕 지음

도서출판 모시는사람들

★서문★

　경희대학교 인문학연구원 HK플러스 통합의료인문학연구단은 4차 산업혁명 시대의 인간 가치를 정립하고, 통합의료인문학 연구를 사회적으로 확산하는 것을 목표로 활동하고 있습니다. 통합의료인문학은 인문학을 중심에 두고 의료, 질병, 건강의 문제를 바라보고자 합니다. 인문학이란 인간의 삶에 대한 학문을 말합니다. 인간은 태어난 이후로 질병을 경험하며 늙어가며 삶을 살아가다가 죽음에 도달하기 마련입니다. 삶의 과정을 한마디로 생로병사(生老病死)라 할 수 있을 것입니다. 경희대학교 HK+통합의료인문학연구단은 인간의 생로병사(生老病死)에 대한 인문학적 연구의 결과물을 학술총서와 교양총서 시리즈로 출간하고 있습니다. 이 책은 생로병사 중에서도 죽음의 문제에 초점을 맞추고 있습니다.

세상의 모든 사람은 죽습니다. 죽음은 자연의 법칙이며 섭리입니다. 그러나 한 사람의 죽음은 한 생물학적 생명체의 소멸만을 의미하지 않습니다. 한 사람의 죽음은 그를 기억하는 이들에게 오랜 시간 슬픔을 안겨주기도 하고, 어떤 사람의 죽음은 한 시대의 종언(終焉)으로 기억되기도 합니다.

현대 의학이 발전하면서 인간은 과거보다 훨씬 오랜 수명을 살게 되었습니다. 의료는 많은 사람의 생명을 살리고 있습니다. 그래서인지 어느 순간 의료 현장에서는 죽음을 실패로 생각하는 경향이 있습니다. 통합의료인문학이 바라보는 죽음은 그렇지만은 않습니다. 인간의 생명을 살리기 위한 의료의 역할은 숭고하고 고마운 일이지만, 인간의 죽음은 불가피한 숙명이자 미래이기도 합니다. 죽음은 외면의 대상이 아니라 애도의 대상입니다. 회피하기보다는 성찰해야 할 대상입니다.

우리는 죽음을 직접 경험할 수는 없습니다. 죽음의 순간, 우리는 더 이상 생명을 가진 존재가 아니게 될 것이기 때문입니다. 하지만 우리는 문학을 통해 죽음을 볼 수 있습니다. 죽음에 대해 생각할 수 있습니다. 그리고 죽음에 대해 함께 이야기할 수 있습니다.

『어떤 죽음』시리즈는 죽음이라는 인간 삶의 마지막 사건에 대한 다양한 성찰을 담아내기 위해 기획되었습니다. 2022년 초에 펴낸 『어떤 죽음 - 연예인 편 : 죽음에 대한 인문학 이야기』는 대중들의 사랑을 받던 연예인들의 죽음을 다루었습니다. 가수 신해철, 배우 박주아, 가수 구하라, 희극인 박지선, 작곡가 이영훈, 가수 카렌 카펜터, 가수 오자키 유타카, 배우 장국영의 죽음을 기억하고 우리의 생각을 나누었습니다.

이번 『어떤 죽음2 - 문학 속 인물 편』은 또 다른 방향에서 죽음을 성찰합니다. 실제 인물이 아니라 "문학 작품 속 인물의 죽음"에 대해 이야기하고자 합니다. 문학 작품 속의 인물일 뿐이니, 실제 인물의 죽음에 비해 그다지 슬픔을 느낄 이유도 없을 것 같다고 생각할 수 있습니다. 그러나 그렇지가 않습니다. 우리는 문학을 통해 사랑을, 이별을, 성장을, 깨달음을 경험하기도 하고 배우기도 합니다. 죽음에 대해서도 마찬가지입니다. 문학 작품의 독자는 작품 속에 표현된 죽음에 대해 읽으면서, 죽음의 의미를 다양하게 깨닫고 성찰할 수 있을 것입니다. 고대 그리스 철학자 아리스토텔레스는 『시학』에서 "역사가는 실제로 일어난 사실을 이야기하지만 시인은 일어날 수 있는 일을 이야기한다."고 하였습니다. 우리는 문학 속의 죽음을 통해 더 넓은 삶을 배우고, 더 많은 사람을 이해하고, 더 멀리 사회를 바라볼 수 있게 될 것입니다. 그것이 문학의 힘이라 믿습니다.

김혜순 시인은 최근 해외에서 크게 주목하고 있는 한국의 시인입니다. 시집 『죽음의 자서전』은 2019년, 캐나다에서 시상하는 세계적 권위의 문학상인 '그리핀 시 문학상' 국제부문 수상작이 되기도 했습니다. 김혜순 시인이 죽음과 여성의 몸에 대한 시적 상상력에 천착해 온 지는 이미 오래되었지요. 『죽음의 자서전』은 갑작스러운 사고로 죽음의 목전까지 갔다가 회복한 시인의 경험이 계기가 된 시집입니다. 이 시집은 불교적 제의 행위인 49재를 틀로 삼고 있습니다. 여기에서 죽음은 삶과 동떨어져 있지 않은 곳으로 시간을 통해 연결되어 있습니다. 죽음을 마주할 때, 우리는 보지 않던 것을 보게 되고, 서로를 좀 더 이해하게 될 수 있게 될 것입니다. 인간과 짐승, 남성과 여성, 비아시아인과 아시아인의 경계마저 넘어선 곳에서, 바로 그 자리에서 만나게 될 우리는 죽음으로 가는 공동체이기 때문입니다.

허수경 시인은 2018년 위암으로 세상을 떠났습니다. 투병 중에도 시인은 창작과 번역에 몰두했습니다. 별세한 뒤에도 유고집 『가기 전에 쓰는 글들』이 출간되기도 했습니다. 생전에 나왔던 마지막 시집인 『누구도 기억하지 않는 역에서』는 위암 투병 중에 출간되었습니다. 시집 전반에는 이미 죽음의 이미지가 어른거립니다. 하지만 어둡고 음침하기만 한 것이 아니라, 오히려 생명이 빛나는 순간들의 소중함을 감각하게 만들어주는 시들이 더욱 돋보입니다. 고통과 고단함이 지난 뒤, 향기를 지닌 열매를 거쳐 다시 찾아온 죽음의 순간, 소멸은 또 다른 생명의 씨앗을 꿈꾸게 해줍니다. 어쩌면 당연한 자연의 섭리를, 허수경 시인은 예리한 감각의 언어로 표현해 놓고 있습니다.

한국 현대 문학 작품 가운데 최고의 걸작 중 하나로 꼽히는 최인훈 장편소설 『광장』의 주인공 이명준의 죽음은 심오한 의미망 안에 담겨 있습니다. 패전국 일본의 식민지였지만, 종전 이후에도 분단된 국가로 살아가게 된 민족 역사의 운명이 담겨 있고, 남과 북 어디에도 머물 수 없어 제3의 길을 가야만 했던 개인의 운명이 담겨 있습니다. 부채의 펼쳐진 넓은 공간이 아니라, 손잡이 부근의 사북자리 끝에 내몰린 운명은 얼마나 고달프고 처절한 것이었을까요. 소설 『광장』의 결말은 이명준 스스로 목숨을 던지는 것으로 끝이 나지만, 박상연의 소설 『DMZ』는 이명준이 죽지 않고 제3의 길을 찾아가 살아남는다면 어땠을까, 하는 상상력으로 쓰인 소설입니다. 박찬욱 감독에 의해 〈공동경비구역 JSA〉로 영화화되었던 이야기이기도 합니다. 박상연의 소설 『DMZ』에서도 여러 인물들의 죽음은 분단의 비극적 골짜기가 얼마나 깊고 험한가를 보여주고 있습니다.

아서 밀러의 『세일즈맨의 죽음』에서, 카프카의 『변신』에서, 우리는 기계처럼 돈을 벌어야만 했던 인물의 죽음을 통해 자본주의 시대의 비극적 실존을 목격하게 됩니다. 조세희의 소설 『난장이가 쏘아올린 작은 공』 역시 산업화 시대의 참혹한 현실을 난장이의 죽음으로 드러내고 있습니다. 조세희의 소설에서 '난장이'는 신체적, 신분적, 경제적 위태로움을 복합적으로 상징하는 인물입니다. 불안한 시대를 살아가는 가장 불안한 계급의 인물인 것이지요. 이들 노동자들의 죽음은 여전히 환기되고 있습니다. '자본세' 시대의 곤혹스러운 실상은 여전하기 때문이겠지요. 노동 현장의 죽음이 거듭되고, 환경파괴와 경제적 불평등은 더 심화되었는지도 모르겠습니다. 안전, 평화, 평등에 대한 소망은 하염없이 미끄러지고 있지만, 문학작품 속의 죽음은 우리가 이것을 놓치지 않고 목격하고 성찰할 수 있도록 해주고 있습니다.

안타깝지 않은 죽음이 드물겠지만, 특히 이른 나이의 죽음, 즉 요절(夭折)만큼 애처로운 죽음이 또 있을까요. 문학 작품 속에서 이른 죽음이 자주 등장하는 것은 그만큼 가슴 아프고 슬픈 죽음이기 때문일 것입니다. 신라 시대 향가 「제망매가」에서부터 요절한 어린 누이에 대한 슬픔은 애절하게 드러납니다. 정지용과 김광균, 김현승의 시에서도, 어린 아이의 죽음이 안겨준 커다란 슬픔이 처절할 만큼 가슴 아프게 표현되어 있습니다. 박완서, 김애란, 정이현의 소설에서는 개인의 죽음이면서, 동시에 사회적 상처라 할 수 있을 만한 이른 죽음들이 그려져 있습니다. 죽음으로 인한 상실감은 그저 잊으려 애쓴다고 사라지는 것이 아닙니다. 요절을 다룬 문학 작품들을 통해, 우리는 위로와 공감, 그리고 애도의 중요성을 다시 깨닫습니다. 애도는 죽음을 다시 불러내 성찰하는 일이면서 동시에 우리의 소중한 삶을 영위하기 위한 일이기 때문입니다.

미래를 배경으로 한 SF 문학에서는 죽음이 지금의 현실과는 다르게 다뤄지기 마련입니다. 최초의 SF 문학작품으로 꼽히는 『프랑켄슈타인』에서는 죽은 시체 조각을 모아 괴물 생명체를 만들어낸 인물이 등장합니다. 물론 비현실적인 이야기입니다만, 현재의 과학기술은 죽어 가는 사람의 장기를 다른 사람에게 이식하여 또 다른 생명을 살리기도 하지요. 김초엽의 단편 「관내분실」에는 죽은 사람의 마인드 데이터를 도서관에 보관하고 저장하여, 살아 있는 가족들이 원한다면 다시 만날 기회가 있다는 설정이 등장합니다. 김영하의 장편 『작별인사』에서는 인류는 멸종되어갈 무렵, 파괴된 휴머노이드들의 의식만 클라우드 공간에 업로드되어 살아남게 되는 상황이 서술되어 있습니다. 역시 터무니없는 이야기 같지만, 뇌과학 기술의 발달은 이러한 포스트휴먼의 미래가 다가올 것을 예고하고 있기도 합니다. 만약 그런 때가 된다면, 죽음의 의미도 전혀 다르게 받아들여지겠지요.

반면 고대 그리스 시대의 죽음은 오염의 원인으로 인식되기도 했습니다. 미아스마라는 단어는 유행병을 일으키는 나쁜 공기를 의미하는데, 미아스마는 죽음에서 비롯되거나 살인의 죄에서 생겨나는 것으로 인식되었습니다. 미아스마가 완전히 정화가 되지 않는 한, 고통의 굴레가 반복되는 비극의 섭리가 지배하게 되는 것이지요. 아이스킬로스, 소포클레스, 에우리피데스와 같은 그리스의 비극 작가들은 미아스마의 영향을 극복할 방법을 고민했고, 그 고민을 작품화하였습니다. 신에 대한 두려움을 가졌지만, 인간의 지혜에 기대어 문제를 해결하려고 했던 그리스인들에게, 죽음이라는 운명적 결말은 두려움의 대상이면서 정화되거나 극복되어야 할 대상이었습니다.

기원전 8세기에 쓰인 호메로스의 『일리아스』에서도 죽음은 가장 핵심적인 인간의 숙명이자 고통으로 등장합니다. 헥토르는 신의 도움을 받아 파트로클로스를 죽입니다. 아킬레우스가 헥토르를 죽이는 장면에서도 마찬가지입니다. 죽음은 인간의 힘만으로 이룰 수 있는 것이 아닙니다. 파트로클로스의 육체가 죽은 후, 그의 영혼은 미처 하데스, 즉 저승세계로 떠나가지 못한 채 아킬레우스를 찾아갑니다. 자신의 장례를 치러달라고 애원을 합니다. 프리아모스 역시 헥토르의 죽음에 대해 정성을 다하여 애도를 합니다. 인간의 죽음은 신에 의해 운명적으로 놓여진 것이지만, 인간은 애도를 통해, 슬픔과 정성을 모아 죽음을 받아들이고 나서야 고인을 보낼 수 있습니다.

저희가 이 책을 준비하는 동안, 또 한 번의 끔찍한 참사가 있었습니다. 2022년 10월 29일, 서울 한복판에서 150명이 넘는 생명이 목숨을 잃었습니다. 죽음학 연구의 고전인 엘리자베스 퀴블러 로스의 『죽음과 죽어감』에 따르면, 시한부 환자들의 경우에 부정과 고립 - 분노 - 협상 - 우울 - 수용의 다섯 단계를 거쳐 비로소 죽음을 받아들이게 된다고 합니다. 죽음의 시간을 기다리는 시한부 환자들에게도 그러할 텐데, 갑작스러운 사고로 목숨을 잃은 참사를 받아들이는 것은 훨씬 더 어려운 일이겠지요. 엘리자베스 퀴블러 로스는 후속작 『죽음과 죽어감에 답하다』에서 갑작스러운 죽음을 접한 유가족은 스스로 고인의 죽음에 대해 이야기할 수 있게 되기까지는 몇 달 혹은 몇 년이 걸릴 수도 있다고 말합니다. 죽음의 이유와 그 상황을 정확히 이해하기 전까지 진정한 애도를 시작하기조차 어렵다고 합니다. 일본의 배우 기타노 다케시는 자신이 쓴 책 『죽기 위해 사는 법』에서 지진 재난 상황과 관련하여 "5천 명이 죽었다는 걸 '5천 명이 죽은 하나의 사건'이라고 한데 묶어 말하는 것은 모독"이라고 말합니다. "한 사람이 죽은 사건이 5천 건 일어났다"라고 표현해야 옳다는 것입니다. 그만큼 한 사람 한 사람의 생명이 소중하다는 의미입니다. 어쩌면 죽음에 익숙해진다는 것은 불가능한 일이거나, 너무나 두려운 일일 것입니다. 현실이 아닌 문학 작품을 통해 죽음을 성찰하는 것 역시, 쉬운 일은 아닙니다.

그럼에도 불구하고, 아마 이 책 『어떤 죽음2: 문학 속 인물편』을 접하고 있는 독자 여러분은 죽음을 그저 모른 척하기만 한다고 죽음의 공포와 두려움이 사라질 수 있다고 생각하지 않는 분들일 것입니다. 죽음을 성찰하거나 직시하는 것은, 보다 더 존엄한 삶에 대해, 생명의 가치에 대해 고민하는 출발점임을 알고 계실 것입니다.

이 책에 언급된 죽음에 대해 애도하는 공감의 마음으로, 그리고 생명의 존귀함에 대해 성찰하는 마음으로 함께 책장을 넘겨주실 것을 믿습니다.

2022년 늦은 가을
필진을 대표하여 최성민 씀

차례

서문 —5

01·여성의 몸과 죽음의 근본성 —김혜순 시인 ★김학중 ————19
    여성의 몸을 발굴하기 — 21
    살아서 죽음을 현시하는 존재는 모두 '너'인 '나' — 31
    살지 않는 생이 보여주는 죽음의 차원 — 41
    그러므로 죽음을 손쉽게 다루지 마라 — 47

02·여러 다른 나-자신의 열매의 향기가 애도하는
    빙하기의 역 —허수경 시인 ★김학중 ————————49
    그 길은 혼자 떠나는 먼 길이지만 — 51
    누구도 기억하지 않는 역에 도착하기 — 54
    오래된 죽음과 대화하면
        다시 태어나는 것들과 인사할 수 있지 — 64

03·제3의 길과 아노미적 죽음
    —최인훈의 『광장』과 박상연의 『DMZ』 ★ 우찬제 ————73
    자살, 진정한 철학적 문제? — 75
    크레파스보다 진한 바다에서 이명준은… — 79
    '푸른 광장'을 향한 과제의 거대함 — 85
    만약 이명준이 자살하지 않고 제3국으로 갔더라면…… — 90
    포로수용소, DMZ, 스위스에서의 죽음, 죽음, 죽음들…… — 98

어떤 죽음 2

04·오렌지 껍데기의 비애와 '난장이'의 죽음
—자본세 시대의 죽음의 상상력과 불안 ★ 우찬제 ————103

월부인생과 오렌지 껍질의 비애
: 아서 밀러의 『세일즈맨의 죽음』 — 105

빚진 죄, 그 원인적 과실과 죽음: 카프카의 「변신」 — 112

산업화 시대의 불안과 죽음
: 조세희의 『난장이가 쏘아올린 작은 공』 — 119

05·일찍 꺾이다, 요절(夭折) —이른 죽음과 애도 ★ 최성민 ————131

이른 죽음 — 133

가족의 요절이라는 깊은 상처 — 136

견디기 힘든 슬픔, 공감이라는 위로 — 143

재난이 불러온 이른 죽음 — 150

애도와 위로 — 153

06·현실 너머의 생명과 죽음 —SF에서의 죽음 ★ 최성민 ————155

영생의 꿈 — 157

SF 문학 속의 과학과 질병 — 159

죽음이라는 상실 — 163

죽음이라는 생명의 증거 — 171

07·미아스마(*miasma*)의 굴레
　　─고대 그리스 비극에서의 죽음 ★ 이상덕 ─────────179
　　미아스마(*miasma*)란 무엇인가? ─ 181
　　아이스킬로스 ─ 183
　　소포클레스 ─ 190
　　에우리피데스 ─ 194
　　인생의 굴레, 죽음 ─ 203

08·두 영웅의 죽음 이야기
　　─호메로스의 『일리아스』에서의 죽음 ★ 이상덕 ─────────205
　　호메로스의 『일리아스』와 죽음 ─ 207
　　파트로클로스의 죽음 ─ 208
　　헥토르의 죽음 ─ 211
　　아킬레우스의 애도 ─ 216
　　프리아모스의 애도 ─ 220
　　호메로스가 생각한 죽음 ─ 224

집필자 소개 ─ 225

01

여성의 몸과 죽음의 근본성

— 김혜순 시인

김학중

우리가 제일 모르는 것, 우리가 아시아인이라는 것

우리가 제일 모르는 것, 우리가 짐승이라는 것

우리가 제일 모르는 것, 우리가 사실 여자라는 것

—「여자짐승아시아하기」 중에서

여성의 몸을 발굴하기

코로나19 팬데믹이 전 세계를 휩쓸었던 지난 두 해 동안 현저하게 나타난 현상 중에는 K-콘텐츠에 대한 세계적 관심이 있다. 영국의 경제주간지 《이코노미스트》가 '포노 사피엔스'라는 개념을 제안하면서 스마트폰으로 인해서 변화된 문화현상 중에서 문화향유자들의 문화생산을 주목한 바 있다. '포노 사피엔스'는 스마트폰과 디지털 플랫폼으로 소통한다. 그들은 이를 활용해 기존의 경계를 무화시킨다. 그 과정에서 예전의 미디어와는 다른 방식으로 향유자들이 콘텐츠를 선택하고 더 나아가 향유하는 콘텐츠에 직접적으로 참여하여 생산한다. 소비자이면서 동시에 생산자의 역할까지 수행하는 것이다. 대표적인 사례가 BTS와 ARMY다. 잘 알려져 있듯이 BTS는 기존의 미디어들이 아이돌들을 성장시키고 소비하는 방식과는 판이하게 다른 방식으로 세계적인 스타로 성장했다. 그들은 소셜네트워크서비스를 활용하여 팬들과 직접 소통하고 그들과의 소통 속에서 공감한 소재를 활용해 자신들의 앨범 작업을 수행했다. 그 결과 BTS는 기존의 미디어와의 관계에서 벗어난 영토에서 새로운 성장 방식을 보여주게 되었다. 그들의 팬덤은 국경과 언어라는 장벽에 가로막히지 않고 서로 연대하고 소통하면서 BTS라는 아이돌 그룹을 세계적인 팝스타로 성장시키는 데 직접적으로 기여했다. 이 성공은 한국문화에 대한 호기심을 자극했다.

팬데믹 이전까지 BTS 현상은 포노 사피엔스 현상의 돌출된 하나의 사례로 보였다. 하지만 팬데믹은 더 이상 포노 사피엔스 현상이 몇 가지 사례에 의존하는 현상으로 제한되지 않게 만들었다. 코로나19로 인한 전대미문의 팬데믹은 각 국가의 방역 시스템에 혼란을 야기했고 사회적 거리두기나 강화된 락

다운 등의 조치를 취하여 사람들의 대면 접촉을 철저히 줄이는 쪽으로 전 세계 모든 국가가 움직이게 만들었다. 그로 인해 사람들은 더욱 디지털 플랫폼에 의지하게 되었다. 사람들이 의지한 플랫폼 중에는 넷플릭스와 같은 OTT 서비스가 있다. 더불어 낭독 서비스를 제공하는 전자책 플랫폼과 같은 다양한 형태의 전자책 플랫폼이 사람들의 호응을 얻었다. 그 결과 예기치 않게 한국의 문화콘텐츠가 세계적인 주목을 끌게 되었다. 이 중에는 한국문학도 포함된다. 소설가 한강의 맨 부커상 수상 이후 조금씩 관심을 가지기 시작한 유럽 국가들에서 한국문학의 성과에 관심을 기울이기 시작했는데, 팬데믹은 이러한 관심을 더 키우는 쪽으로 나아갔다.

한강 이후 해외에서 관심을 가지는 작가 중에는 오늘 이 지면을 통해 살펴볼 김혜순 시인이 있다. 김혜순 시인은 팬데믹이 오기 바로 전인 2019년에 『죽음의 자서전』으로 그리핀 시문학상을 수상했으며, 팬데믹 이후로도 꾸준한 주목을 받으면서 2021년 스웨덴에서 주관하는 시카다 문학상을 수상했다. 이들 문학상에서 김혜순 시인을 수상자로 정하면서 주목한 것은 김혜순의 시 세계가 여성 억압에 저항하는 상상력을 시적으로 형상화하는 데 큰 성취를 이뤄 왔다는 것이었다. 특히

『죽음의 자서전』에서는 이를 '죽음'과 연관 지어 치밀하게 시적으로 파고들었다는 점을 높게 평가했다. 『죽음의 자서전』은 49재라는 아시아적 제의 형식을 활용하여 '죽음'에 대한 깊이 있는 시적 사유를 펼쳤다고 보았다. 종합하면 김혜순의 작업이 여성 억압의 역사와 가부장제에 대한 저항을 다루는 점에서 보편적인 문제를 다루면서도 아시아적 상상력을 통해서 독창적인 시세계를 구축했다는 이야기이다.

김혜순의 작업에 대한 외국 문학상 수상위원회의 판단은 상당히 정확하다고 볼 수 있다. 왜냐하면 김혜순이 상당 기간 동안 이러한 작업에 공을 들여 왔기 때문이다. 물론 김혜순의 작업에 대한 그들의 판단이 『죽음의 자서전』에 집중된 것이란 점은 아쉬운 부분이다. 왜냐하면 김혜순이 여성의 몸과 죽음을 중심적인 시적 테마로 천착하기 시작한 것은 늦게 잡아도 『당신의 첫』(2008)부터라고 할 수 있기 때문이다.

이 이야기를 풀어가기 전에 먼저 김혜순 시인의 작업의 이력을 짧게라도 살펴보고 가자. 그래야 김혜순의 시 작업에서 '죽음'이란 주제가 차지하는 비중이 얼마나 큰지 이해하기 쉽고 무엇보다 이것이 어떻게 일반적인 맥락에서 다루는 '죽음'과 다를 수밖에 없는지 이해하는데 도움을 줄 수 있기 때문이다.

김혜순 시인은 우리나라 현대문학에서 페미니즘의 영토를 구축하는 데 큰 기여를 한 시인이다. 시인은 1955년 경상북도 울진군에서 태어났으며 1979년 계간 『문학과지성』에 「담배를 피우는 시체」 등을 발표하며 등단했다. 첫 시집 『또 다른 별에서』(1981)에서부터 전복적인 상상력을 펼치면서 억압된 여성의 목소리를 시적으로 재현하는 작업을 했다. 이후 『아버지가 세운 허수아비』(1985), 『어느 별의 지옥』(1988) 등의 시집을 펴내면서 가부장제 체제에 대한 저항뿐 아니라 시적 언어를 추동하는 언어 그 자체에 대한 비판적 성찰을 시적으로 표현하는 데 그 깊이를 더해 간다. 이러한 시인의 작업은 『나의 우파니샤드, 서울』(1994), 『불쌍한 사랑 기계』(1997), 『달력 공장 공장장님 보세요』(2000), 『한 장의 붉은 거울』(2004) 등을 거치면서 더욱 다양한 층위로 나아간다. 시력이 깊어지면서 창작 작업이 더뎌질 수 있을 텐데 시인의 작업은 더욱 왕성한 모습을 보인다. 『당신의 첫』(2008), 『슬픔치약 거울크림』(2011), 『피어라 돼지』(2016), 『죽음의 자서전』(2016), 『날개 환상통』(2019) 등의 작업이 그 증거라고 할 수 있다. 이런 왕성한 작업들은 그 문학적 성취도 높게 평가받았다. 1997년 김수영문학상, 2000년 현대시작품상, 2000년 소월시문학상, 2006년 미당문학상,

2008년 대산문학상 등을 수상한 경력이 이를 반증한다. 최근에는 해외에서도 높은 평가를 받고 있다.

이러한 긴 시적 여정 중에서 김혜순의 시에서 죽음과 여성의 몸 사이의 연관성이 시적 상상력을 추동하는 작업이 이뤄지는 시기의 작업들은 특히 주목을 많이 받았다. 앞서 언급했듯이 『당신의 첫』 이후의 작업이 바로 그것이다. 특히 미당문학상 수상작이자 『당신의 첫』에 수록된 「모래 여자」는 이를 압축적으로 보여준다. 여기서 김혜순은 여성의 몸을 발굴하는 시적 작업을 수행한다.

모래 속에서 여자를 들어 올렸다
여자는 머리털 하나 상한 데가 없이 깨끗했다

여자는 그가 떠난 후 자지도 먹지도 않았다고 전해졌다
여자는 눈을 감고 있었지만
숨을 쉬지도 않았지만
죽지는 않았다

사람들이 와서 여자를 데려갔다

옷을 벗기고 소금물에 담그고 가랑이를 벌리고
머리털을 자르고 가슴을 열었다고 했다

그가 전장에서 죽고
나라마저 멀리멀리 떠나버렸다고 했건만
여자는 목숨을 삼킨 채
세상에다 제 숨을 풀어놓진 않았다
몸속으로 칼날이 들락거려도 감은 눈 뜨지 않았다

사람들은 여자를 다시 꿰매 유리관 속에 뉘었다
기다리는 그는 오지 않고 사방에서 손가락들이 몰려왔다

모래 속에 숨은 여자를 끌어 올려
종이 위에 부려놓은 두 손을 날마다
물끄러미 내려다보았다
낙타를 타고 이곳을 떠나 멀리 도망가고 싶었다

꿈마다 여자가 따라와서
감은 눈 번쩍 떴다

여자의 눈꺼풀 속이 사막의 밤하늘보다 깊고 넓었다

―「모래 여자」전문

　「모래 여자」는 '여자'를 모래에서 발굴하는 것에서 시작한다. 여자는 "머리털 하나 상한 데가 없이 깨끗"한데, 이를 통해 여자는 살아서 '죽음'을 감내하는 존재임이 드러난다. 여자의 사연이 진술되는 2연에서 그런 특성을 읽어낼 수 있다. "여자는 그가 떠난 후 자지도 먹지도 않았다고 전해졌다/여자는 눈을 감고 있었지만/숨을 쉬지도 않았지만/죽지는 않았다"고 진술하고 있기 때문이다. 여자는 죽음과 가까운 상태가 되어 "눈을 감고 있"지만 '죽음' 그 자체에 삼켜지진 않았다.

　이러한 여자의 죽음의 특성은 사람들에게 이해되지 않는다. 그녀는 사람들의 손을 거쳐 죽은 자로 처리된다. 그 과정을 시인은 다음과 같이 묘사한다. "옷을 벗기고 소금물에 담그고 가랑이를 벌리고/머리털을 자르고 가슴을 열었다"고 말이다. 여자는 그런 수모를 겪고도 그런 상황을 받아들인다. 여자가 기다린 '그'가 죽고 나라마저 무너졌지만 여자는 "세상에다 제 숨을 풀어놓"지는 않는다. 이는 여자가 '죽음'을 감내하는 행위가 일종의 저항 행위임을 암시한다. 이 세상은 자신이 가장 사랑하는 존재인 '그'를 앗아갔으며 '그'를 앗아가는 데 무엇보다 크게 기여한 '나라'는 그러한 폭력에 대한 책임을 지지도 않았는데 스스로 무너졌다. 세상은 여자에게서 가장 소중한 것을 앗아가는 폭력적인 세계이다. 때문에 여자는 그러한 세상에 저항한다. '그'를 기다리는 것을 통해 시작한 '죽음'의 상태를 견지하면서 세상이 자신의 몸에 가하는 폭력마저 감내한다. 그런 점에서 여자의 '죽음'은 여자가 원한 삶을 보존할 수 있고 자신이 간직한 사랑과 기다림의 윤리를 지켜낼 수 있는 하나의 형식이 된다. 이 '죽음'은 오랜 시간의 퇴적을 의미하는 것으로 읽을 수 있는 '모래' 속에서도 유지되었다.

화자는 이러한 여자를 모래에서 발굴했지만 그 발굴로 인해 여자가 선택한 '죽음'이 훼손당하고 있다고 느낀다. 여자가 지금 놓인 "유리관"에서 현시되는 '죽음'에 몰려드는 "손가락들"은 여전히 여자를 폭력적으로 대하고 있다고 생각한다. 여자의 '죽음'은 시간이 흘러 발굴된 이후에도 안식을 취하지 못한다. 여자가 원한 것은 '죽음'의 전시가 아니었기 때문이다. 이 때문에 발굴자인 화자는 "모래 속에 숨은 여자를 끌어 올려/종이 위에 부려놓은 두 손을 날마다/물끄러미 내려다보았다/낙타를 타고 이곳을 떠나 멀리 도망가고 싶었다"고 토로하게 되는 것이다. 그리고 이 반성은 비로소 여자의 죽음 속에서 자신이 발굴한 것이 무엇인지 이해하는 지점으로 이어진다. 그것은 바로 '여자'의 발견이다. '여자'는 몸이고 이미 '죽음'이고 바로 그런 이유로 그 자체로 늘 이해되지 못했다는 것을 말이다. 발굴자의 꿈에 '여자'가 나타나고 그 '여자'의 "감은 눈"이 떠지는 이유는 바로 그에 대한 유비이다. 여자의 몸인 '죽음'의 눈이 이제 우리를 바라본다. "사막의 밤"보다 더 깊은 어둠의 깊이가 우리에게 '죽음'인 여자를 보도록 요구한다. 김혜순은 여자의 몸을 발굴하는 것을 통해서 이렇게 여자와 '죽음'이 서로 구분할 수 없는 차원에 놓여 있음을 우리에게 노래하고 있는 것이다.

「모래 여자」에서 김혜순이 보여준 것은 다음에 살펴볼 작업인『죽음의 자서전』에서 '너'인 '나'의 죽음으로 이어진다. 여기서는 발굴자와 발굴된 유물의 대립은 무화되고 '죽음'의 차원에서 분리를 벗어난 겹침을 보여준다. '죽음'은 우리를 자신인 '나'와 분리시키면서 '나'를 '너'로 느끼게 하지만 바로 그러한 특성으로 인해서 '죽음'은 수많은 '너'와 겹쳐진다. 여기서는 김혜순 시인 자신의 '죽음'도 살아서 감내하는 여정을 시적 언어를 통해 형상화하는데, 이 때문에 김혜순의 시적 언어는 더욱 강렬하게 다가온다. 김혜순 시인은 이를 '49재'라는 형식을 통해 우리 앞에 가져다 놓는다.

살아서 죽음을 현시하는 존재는 모두 '너'인 '나'

『죽음의 자서전』에서 김혜순 시인은 '죽음'을 시집의 전면에 내세운다. 김혜순 시인이 이렇게 '죽음'을 시집의 주요 테마로 삼은 이유는 시인 스스로가 겪은 사건 때문이다. 시집에 수록된 〈시인의 말〉에서 언급했듯이 실제로 김혜순 시인이 출근길에 급작스럽게 쓰러지는 사고를 겪었다. 그 사고로 인해 죽음의 목전까지 갔다가 회복한 시인의 경험은 살아서 '죽음'을 경험하는 계기적 사건으로 받아들여졌다. 시인은 개인적 사건의 경험을 바탕으로 '살아서 겪어내는 죽음'을 문학적으로 다루기 위해 병상에서 시를 창작했다고 한다. 이를 구성하는 틀이 된 것이 '49재'이다.

'49재'는 불교 문화권, 그중에서도 대승불교 문화권에서 나타나는 제의 행위이다. 죽은 자를 위로하고 다음 생에 좋은 곳에서 환생하길 바라며 불공을 드리면서 죽은 자를 애도한다. 김혜순의 시에서 이러한 '49재'의 형식은 '죽음'을 살아서 감내하면서 여성의 몸을 지닌 '너'를 발굴해내는 일이다. '죽음'은 나로부터 벗어나 '나'인 '너'를 발견하게 하고 이를 통해 '죽음'이 우리의 삶과 연결된 고리임을 재현한다. '죽음'은 우리와 함께 있으며 이 '죽음'이 나타나는 시간이 그런 점에서 49일이 된다. 때문에 이 시간만이 김혜순에게 있어서 '죽음'을 드러낼 수 있는 시간, 즉 '죽음'의 '자서전'이 가능한 시간이 된다. 이 작업을 통해 마주하게 된 '죽음'을 통해서 시인은 다음과 같은 세계를 마주한다. "매일 매일은 죽음의 이브입니다"(「월식-열이틀」)라고 노래할 수 있는 세계, "너는 이미 죽음 속에서 태어났습니다. (에코 49번)"(「이미-스무 아흐레」)라고 노래할 수 있는 세계. 그래서 시인은 그러한 '죽음'과의 마주함을 통해서 "너는 죽음을 엄마라 부르며 자라"(「고아」)는 세계를 발견한다. 시인에게 있어서 '죽음'은 '너'인 '나'를 드러내는 근원이며 우리가 '엄마'라고 부를 수밖에 없는 근원적인 지평이다. '죽음'이 우리를 길러내고 우리가 우리를 있는 그대로 마주하게 하는 것이다. '죽음' 앞에서는 우리를 감싸고 있고 치장하고 있는 것들이 무화되고 우리 그 자체를 드러내 준다. '죽음'을 마주할 때 비로소 우리는 우리가 보지 않던 것을 보게 된다. 김혜순에 따르면 그것은 우리가 '아시아'라는 것, 우리가 '짐승'이라는 것, 무엇보다 우리가 사실 '여자'라는 것이다.

  그러면 이제 이러한 '죽음'의 근원성이 처음 '나'에게 다가오는 시간, '하루'를 시적으로 재현한 「출근-하루」를 보면서 김혜순이 노래하는 '죽음'의 '자서전'을 읽어가 보자.

    지하철 타고 가다가 너의 눈이 한 번 희번득하더니 그게 영원
  이다

    희번득의 영원한 확장.

    네가 문밖으로 튕겨져 나왔나 보다, 네가 죽나 보다.

    너는 죽으면서도 생각한다. 너는 죽으면서도 듣는다.

    아이구 이 여자가 왜 이래? 지나간다. 사람들.

    너는 쓰러진 쓰레기다. 쓰레기는 못 본 척하는 것.

    지하철이 떠나자 늙은 남자가 다가온다.

남자가 너의 바지 속에 까만 손톱을 쓰윽 집어넣는다.

잠시 후 가방을 벗겨 간다.

중학생 둘이 다가온다. 주머니를 뒤진다.

발길질. 카메라 셔터를 누른다.

소년들의 휴대폰 안에 들어간 네 영정사진.

너는 죽은 사람들이 했던 것처럼 네 앞에 펼쳐지는 파노라마를
본다.

바깥으로 향하던 네 눈빛이 네 안의 광활을 향해 떠난다.

죽음은 바깥으로부터 안으로 쳐들어가는 것. 안의 우주가 더
넓다.

깊다. 잠시후 너는 안에서 떠오른다.

(중략)

저 여자는 죽었다. 저녁의 태양처럼 꺼졌다.

이제 저 여자의 숟가락을 버려도 된다.

이제 저 여자의 그림자를 접어도 된다.

이제 저 여자의 신발을 벗겨도 된다.

너는 너로부터 달아난다. 그림자와 멀어진 새처럼.

너는 이제 저 여자와 살아가는 불행을 견디지 않기로 한다.

너는 이제 저 여자를 향한 노스텔지어 따위는 없어라고 외쳐본다.

본다.

그래도 너는 저 여자의 생시의 눈빛을 희번득 한 번 해보다가

네 직장으로 향하던 길을 간다. 몸 없이 간다.

지각하기 전에 도착할 수 있을까? 살지 않을 생을 향해 간다.

―「출근-하루」 부분

「출근-하루」는 급작스럽게 찾아온 죽음의 순간을 '너'가 마주하는 장면으로 시작한다. 이 순간은 '너'의 눈이 "희번득"하는 순간으로 찾아온다. 지하철 안에서 '너'는 그렇게 쓰러진다. 쓰러지면서 지하철에서도 버려진다. '너'는 "쓰레기"와 순간적으로 한없이 가까워진다. '죽음'은 그렇게 "쓰레기"와 가까워지는

순간에 '너'에게 파고든다. '너'는 죽음과 가까워지면서 자신이 가지고 있던 것들로부터 분리된다. 물론 이 분리 중에는 '너'에게 가해지는 폭력적인 상황들도 동반된다. "남자가 너의 바지 속에 까만 손톱을 쓰윽 집어넣는다.//잠시 후 가방을 벗겨 간다./중학생 둘이 다가온다. 주머니를 뒤진다./발길질. 카메라 셔터를 누른다./소년들의 휴대폰 안에 들어간 네 영정사진." 으로 묘사되는 상황들이 그것이다. 이는 앞서 살펴본 「모래 여자」가 '죽음'을 감내하기 위해 눈을 감은 후에 겪은 폭력적 사건들과 겹쳐지는 장면들이다. 이를 통해 '너'는 '나'와 끊어지면서 비로소 자기 안에 도래해 있는 '죽음'을 보게 된다. 그렇게 하여 순식간에 '너'는 죽음의 근원적인 광활한 지평으로 옮겨진다. "바깥으로 향하던 네 눈빛이 네 안의 광활을 향해 떠난다.//죽음은 바깥으로부터 안으로 쳐들어가는 것. 안의 우주가 더 넓다."라는 표현이 그것을 나타낸다.

이렇게 '죽음'을 마주하면서 '너'는 "너로부터 달아나"게 된다. '너'로부터 '너'의 안에서 떠오른다. 이 분리를 통해서 '너'는 죽음을 감내하면서 '죽음'을 산다. 그것은 '너'로서 자신의 죽음을 선언하는 데서 시작한다. "저 여자는 죽었다. 저녁의 태양처럼 꺼졌다./이제 저 여자의 숟가락을 버려도 된다./이제 저 여자의 그림자를 접어도 된다./이제 저 여자의 신발을 벗겨도 된다."는 앞서 쓰러진 '너'에게 바깥에서 행해지던 폭력적인 분리의 상황과는 다르다. 이것은 자신이 자신과 결별하는 선언이다. 그렇게 하여 '너'는 '여자'를, 생전의 '여자'를 발견한다. 그것을 통해 '너'는 '여자'와 연관된 여러 겹의 "불행"으로부터 단절된다. '죽음'과 마주한 첫날인 하루는 그렇게 '너'에게 '죽음'을 선사한다. 이 사건을 통해 '너'는 "살지 않을 생"을 살게 된다.

물론 시의 말미에 표현된 것들을 고려할 때, "살지 않을 생"은 아직 이전의 생과 연결되어 있다. '너'는 이미 죽은 자이지만, 생시의 여자가 하던 일인 '출근'을 수행하고자 한다. 하지만 이미 '죽음'의 거처가 된 '너'였기에 '출근'은 여자가 자신의 일상을 구성하던 시기의 '출근'과는 다른 것을 수행한다. 그런 점에서 이 시의 말미에 표현된 '출근'은 이중적이다. '죽음'을 감내하면서 '죽음'으로 향하는 것을 의미하기도 하고 동시에 '죽음' 이전의 행위를 반복하는 것에서 생의 잔여 효과를 의미하기도 하기 때문이다. 그럼에도 '너'가 향해 가는 방향은 정해져 있다. 그것은 '죽음'을 '살지 않는 생'으로 감내하는 자리로 나아가는 것이다. '죽음'은 그렇게 '살지 않는 생', 즉 살아 있는

'죽음'을 현시하는 '너'와 '나'를 보여준다.

'너'와 '나'를 밝히는 지평은 '죽음'이다. 그리고 '죽음'의 자서전은 '죽음'의 말씀이다. 그런 점에서 여성의 몸은 '죽음'의 말씀으로 우리 앞에 나타난다. 말씀─로고스─이 우리가 사는 세계의 창조의 근간인 한 바깥은 이미 존재하지 않는다. 그것은 우리의 내부(interior)에 깊숙이 새겨졌다. 말씀은 우리의 살과 피다. 말씀은 '죽음'까지도 우리의 내부에 가능성을 두었으며 그러한 차원까지 껴안으며 육화되었다. 이 때문에 말씀은 우리를 통해서, 우리의 행위를 통해 나타난다. 말씀은 육화 그 자체로 우리의 길이 될 수 있는 것이다. 문제는 이 모든 것이 내부성을 기반으로 이뤄진다는 것이다.

내부성은 우리에게 비가시적이다. 우리의 살은 우리에게 아무것도 보여주지 않는다. 우리는 우리가 실존하는 동안에 이 내부성으로부터 항상 눈멀어 있다. 우리가 사는 지금 여기의 삶에 우리가 늘 눈멀어 있듯이 말이다. 현재는 우리가 지금 우리의 살과 피로 행위하며 느끼는 시공간이다. 우리는 우리 앞에 나타나는 현재를 즉각적으로 감각한다. 그럼에도 우리는 그 현재성이 지금 여기의 우리에게 어떤 의미인지 인식하지 못한다. 우리는 현재의 효과를 사후적으로만 알 뿐이다. 그 때문에 우리는 현재 그 자체에 대해서는 아무것도 아는 것이 없다. 현재는 우리에게 비밀처럼 다가온다.

우리는 이러한 눈멂이 우리의 내부에 대해서도 동일하게 일어나고 있다는 것을 알고 있다. 이 내부성이 우리에게 비밀처럼 다가올 때, 우리는 말씀의 현시로부터 바깥에 놓였다는 지각에 도달한다. 우리는 우리의 내부를 우리가 감각하고 느끼는 차원으로 우리 앞에 나타나게 할 수 없으며 무엇보다 우리의 새로운 행위들이 나타날 때 그것을 더 이상 말씀으로 느낄 수 없게 되었다. 우리의 살에 말씀이 주어지는 것으로 우리는 말씀이라는 창조의 낙원으로부터 멀어지게 된 것이다. 우리의 내부는 더 이상 말씀이 깃든 에덴이 아니다. 우리는 우리의 신체로부터 근원적으로 추방되어 있다. 우리는 우리의 신체가 분명 우리의 것임에도 불구하고 그 내부에 대해서 거의 아는 것이 없다. 우리의 숨소리가 어떤 리듬인지 그 숨이 어떤 곳으로 향해 들어가는지를 관찰하거나 감각하고 인지할 수 없다.

지금 우리가 살고 있는 팬데믹 시대에 이것은 더욱 즉물적으로 나타난다. 우리는 스스로가 바이러스에 감염될 때, 감염 그 자체 대해서 인식할 수 없다. 감염되는 순간 바이러스가 스파이크 단백질을 들이대고 우리의 폐부 속으로 파고드는 것을 본 사람이 누가 있겠는가? 우리는 사후적으로 증상이 우리 내부에서 발생할 때에 이르러서야 감염을 의심할 수 있을 뿐이다. 우리의 증상은 어떤 확신도 주지 못한다. 증상의 의미를 확정해주는 것은 검사체 검사이다. 이런 점에서 우리의 내부는 우리가 품고 있는 가장 강력한 바깥이다.

이 바깥의 인식과 함께 우리는 말씀이란 내부로부터 멀어졌다. 이 멀어짐으로 우리 앞에 비로소 우리의 내적인 공간과 거리를 가진 바깥이 우리 앞에 펼쳐진다. 그리고 그 바깥을 향한 우리의 행위는 언어를 통해 나타나고 언어를 바탕으로 세계와 관계하도록 만들었다. 우리의 내부에서 발화된 언어는 말씀의 그림자이자 우리의 신체라는 어두운 공간에서 나온 것이다. 언어는 그렇게 내부에서 외부로 공간을 내면서, 우리 앞에 나타났다. 그렇게 말씀의 밖에서 언어가 우리에게 도착했다. 불완전하고 불확실하게. 그렇게 나타난 말은 탈구된 말씀이며 여자의 몸이다. 이러한 탈구된 몸이 우리 앞에 나타날 때 우리에게 문제적일 수밖에 없다. 김혜순은 우리에게 탈구되어 있으며 '죽음'을 통해서만 구현되는 여성의 몸을 통해 무엇을 보여주고자 하는가. 그러한 '죽음'을 통해 무엇을 근본화하고자 하는가? 이제 이것에 대해서 살펴보자.

살지 않는 생이 보여주는 죽음의 차원

그렇다면 김혜순 시인이 이렇게 깊이 천착하고 근본화하고
자 하는 '죽음'의 특성, 즉 '살지 않는 생'인 '죽음'은 어떤 것일
까? 무엇보다 김혜순 시인이 이러한 '죽음'을 우리에게 노래하
고자 하는 이유는 무엇일까? 그것은 이러한 '죽음'의 자리에서
볼 수 있는 것이 무엇인지 노래하는 다음의 대목을 통해 짐작
해 볼 수 있을 것이다.

> 눈이 세 개 달린 너를 보게 될 것이니
>
> 너의 분노를 타인처럼 보게 될 것이니
>
> 눈이 네 개 달린 너를 보게 될 것이니
>
> 너의 불안을 타인처럼 보게 될 것이니
>
> 머리가 여덟 개 달린 너를 보게 될 것이니
>
> 너의 공포를 타인처럼 보게 될 것이니
>
> 너는 네 안의 개를 보게 될 것이니
>
> 너는 네 안의 돼지들을 보게 될 것이니
>
> —「이렇게 아픈 환각-마흔날」 부분

이 시에서 노래되는 "아픈 환각"은 무엇보다 먼저 '죽음'에 이르러서도 여전히 영향을 미치면서 분리되고 있는 '너'의 어떤 것들이다. 그것에는 "분노"와 "불안", "공포"가 있을 것이다. 그것은 '너' 자신의 것이었으나 '죽음'을 통해 "타인"의 것처럼 보게 된다. 여기서 "타인"은 '너' 또한 "타인"의 영역에 들어가게 됨을 의미하면서 바로 이 "타인"의 영역이 '죽음'을 통해 근원적으로 우리가 보아야 할 어떤 것임을 암시한다.

"타인"은 '나'와 무관하지만 '죽음'은 이 무관함을 보여주는 것을 통해서 사실 우리가 모두 '죽음'을 통해 비로소 무관해지고 이 무관함을 통해 동일해지는 것을 보여준다. 우리는 모두 타자다. '죽음'은 우리를 각자 '너'로 분리시키는 것을 통해 그것을 폭로한다. 우리는 무관하지만 무관한 고통으로 서로 이어져 있다. '죽음'이 바로 그 자리에 있다. 이렇게 '죽음'이 근본화되면 우리는 비로소 우리가 그토록 받아들이고 싶지 않은 인간적 특성을 있는 그대로 마주하게 된다. 그것은 "네 안의 개"와 "네 안의 돼지들"을 마주하는 것이다. 즉, 우리 안의 짐승을 보는 것이라 말할 수 있다. 이것을 보는 행위는 앞서 「모래여자」에서 '여자'를 발굴하여 '여자'를 마주하게 된 것과 동일한 차원에 놓인다.

여기까지 와서 보면 김혜순의 시에서 '죽음'은 우리가 짐승이며, 여자임을 발굴하는 계기적 사건이라고 정리할 수 있을 것이다. 우리는 인간적인 특성을 지키고 싶어 하지만 '죽음'은 그러한 구분의 지점들을 허락하지 않는다. 때문에 '죽음'은 비로소 우리가 행하는 인간적 행위들이 내재한 폭력성으로부터 우리를 분리해준다. 여기서 우리는 자문해볼 수 있을 것이다. 우리의 인간적 차원들이 도대체 어떤 지점에서 폭력적이었냐고 말이다. 그에 대한 대답은 김혜순의 시 「피어라 돼지」에 잘 나타나 있다. 앞서 "우리 안의 돼지"를 볼 수 있다고 했던 의미와 이 시는 연결되어 있기에 이해가 더욱 쉬울 것이다.

> 시퍼런 장정처럼 튼튼한 돼지 떼가 구덩이 속으로 던져진다
> 무덤 속에서 운다
> 네 발도 아니고 두 발로 서서 운다
> 머리에 흙을 쓰고 운다
> 내가 못 견디는 건 아픈 게 아니에요!
> 부끄러운 거예요!
> 무덤 속에서 복부에 육수 찬다 가스도 찬다
> 무덤 속에서 배가 터진다

무덤 속에서 추한 찌개처럼 끓는다
핏물이 무덤 밖으로 흐른다
비오는 밤 비린 돼지 도깨비 불이 번쩍번쩍한다
터진 창자가 무덤을 뚫고 봉분 위로 솟구친다
부활이다! 창자는 살아있다! 뱀처럼 살아 있다!

피어라 돼지!
날아라 돼지!

멧돼지가 와서 뜯어 먹는다
독수리 떼가 와서 뜯어 먹는다

파란 하늘에서 내장들이 흘러내리는 밤!
머리 잘린 돼지들이 번개치는 밤!
죽어도 죽어도 돼지가 버려지지 않는 무서운 밤!
천지에 돼지 울음소리 가득한 밤!

내가 돼지! 돼지! 울부짖는 밤!

돼지나무에 돼지들이 주렁주렁 열리는 밤

—「피어라 돼지」 부분

　이 시에서 재현하고 있는 것은 우리도 잘 아는 상황이다. 구제역이나 아프리카 돼지열병 등의 가축전염병으로 인해서 돼지가 폐사하게 되면서 우리는 방역을 위해서 돼지들을 산 채로 처리하는 일들을 행했다. 우리가 우리의 식생활을 위해서 기르고 우리의 편의를 위해서 자연적이지 않은 공장식 가축생산을 했는데, 그로 인한 가장 큰 피해를 보는 대상은 목숨을 빼앗기는 돼지들이다. 김혜순 시인은 이러한 인간주의적 선택에 대해 비판적인 인식을 보여주고 있다. 생명의 존엄성을 훼손하는 일들을 우리가 행하고 있기 때문이다. 『피어라 돼지』의 표제작인 「피어라 돼지」는 이러한 문제적 지점들을 김혜순만의 시적 표현으로 잘 표현한 작업이다. 김혜순은 이 시를 통해서 날카롭게 비판한다. 우리는 우리가 짐승이 아니라고 생각하고 이렇게 생명을 함부로 훼손하는 폭력을 수행한다고 말이다. 그러나 김혜순의 상상력이 더욱 근원적이 되는 것은 이렇게 짐승들이 마주하게 된 '죽음'이 사실 우리에게 무관한 것이 아니라는 걸 알려주고 있다는 점이다.

이 작업이 바로 『죽음의 자서전』에서 보여주는 '죽음'을 재현하는 작업이다. "살지 않는 생"을 통해서 우리 앞에 오는 '죽음'은 우리를 우리가 폭력적으로 취급한 짐승의 차원으로 돌려놓는다. 그 차원에서 우리는 모두 차별받았던 모든 '타자'들과 같아진다. 우리가 붙잡고자 한 인간적인 차원들의 것들과 우리는 분리되면서 우리는 우리가 거부한 '타자'들과 같아진다. 그것은 일견 우리가 받아들이기 힘든 것으로 다가올지도 모른다. '죽음'을 있는 그대로 받아들이는 일은 쉽지 않은 것이 당연한 것처럼. 그러나 바로 이 '죽음'을 통해서 우리는 비로소 우리 자신을 있는 그대로 볼 수 있게 된다. 우리는 모두 '너'이며 그러기에 모두 '나'이다. 그렇게 될 때 비로소 우리는 '죽음'을 통해 서로의 안쪽으로 가 닿을 수 있는 가능성을 마주하게 된다. 우리가 짐승임을, 우리가 여자임을, 그리고 우리가 마주하는 죽음의 근원의 기저에 놓인 '아시아'적인 것을 마주하게 된다.

이것이 김혜순이 '죽음'을 기록하는 시적 여정을 걸어간 이유일 것이다. 때문에 김혜순이 우리에게 건네는 마지막의 전언 "마요"를 슬프게 받아들일 필요가 없다. 시인이 건네는 "마요"는 금지를 의미한다기보다 위로로 다가오기 때문이다. "너는 네가 아니고 내가 바로 너라고 너를 그리워 마요"(―「마요-

마흔아흐레」)는 우리가 '죽음'을 통해 서로에게 더 열릴 수 있으
니 이전의 '너'인 것들로부터 벗어나는 것을 슬퍼하지 말라는
것이다. 이것이 김혜순이 우리에게 선물한 '죽음'이다.

그러므로 죽음을 손쉽게 다루지 마라

지금 여기, 우리가 살고 있는 시대에서 '죽음'이라는 존재적
사건은 어떤 의미가 있는가. 안타깝게도 '죽음'은 이제 우리 존
재의 사건적 상황으로 받아들여지지 않고 있다. '죽음'은 데이
터화 되고 있다. 어느덧 우리 주위의 '죽음'은 매스컴에서 숫자
로 표기된 채 하루만 지나면 금방 잊히는 죽음이 되었고, 상조
회사가 깨끗하게 광고로 포장한 채로 판매하는 상품의 패키
지가 되었다. 이러한 '죽음'이 어느덧 일상적인 풍경으로 자리
잡았다. 죽음은 어느덧 가벼워졌고, 손쉽게 다루어진다. 단순
히 숫자로만 표기되기에 그 숫자의 많고 적음에 따라 죽음의
경중(輕重)을 함부로 분류하기도 하고, 화려하고 품격 있는 애
도의 장소가 곳곳에 세워지고 있는 반면에 진실이 밝혀지지
않아서 애도조차 할 수 없는 '죽음답지 못한 죽음' 또한 곳곳
에 넘쳐난다. 더불어 혐오의 공격대상이 되기도 한다. 여성에

대한 자신의 신념을 이야기했다는 이유만으로 조롱과 혐오를 받고 죽음으로 내몰리며 죽음 이후에도 온라인과 오프라인을 가리지 않고 폄하되는 사건들이, 그 기막힌 일들이 실제로 일어나고 있다.

김혜순은 이러한 지금 여기에 '죽음'을 엄숙하고 진지하게 바라보라고 권유하고 있다. 죽음은 우리가 가볍게 처리할 일이 아니라고 말하고 있다. '죽음'은 우리가 함부로 대해 온 이 세계에 대한 가장 광범위한 공감이며 포용이다. '죽음'은 그렇게 우리로 하여금 우리 존재의 근원적인 지점들을 어둠 속에서 포용하게 한다. 그것이 김혜순의 시인 것이다.

김혜순은 이러한 '죽음'을 통해서 다시 인간을 발견한다. 이제 인간은 모두 짐승이며, 아시안이고, 무엇보다 여자이다. 이것을 언어로 재구성하는 작업을 통해 김혜순은 '여자짐승아시아'를 '하기'로 만든다. 김혜순에게서 '죽음'은 그렇게 하여 남자 아버지도 여자로, 진정한 '죽음'의 품으로 애도하면서 마주할 수 있도록 우리를 이끈다. 우리는 그렇게 죽음으로 향해 가는 공동체가 되어서 '죽음'을 넓히고 공유하고 우리를 구분하고 차별하는 모든 벽들을 허물고 대지적인 차원으로 돌아간다. '죽음'은 우리를 진정한 대지로 인도하는 애도의 길이다.

02

여러 다른 나 자신의 열매의
향기가 애도하는 빙하기의 역

― 허수경 시인

김학중

그 길은 혼자 떠나는 먼 길이지만

시를 공부하고 창작하는 입장에서 2018년은 매우 슬프고 우울한 한 해였다. 보들레르 시를 번역한 평론가 황현산 선생이 작고하셨고, 배영옥 시인과 박서영 시인이 하늘로 떠났다. 그뿐인가. 많은 후배 시인들과 독자들이 사랑해 마지 않았던 허수경 시인이 혼자 가는 먼 길을 떠났다. 한 시대가 저물고 있다고 느꼈다. 떠나간 사람들의 글을 다시 읽어 보기 위해 서가에 꽂아둔 채 오래 펼쳐보지 않았던 시집들을 꺼내어 읽었다.

시인 허수경은 문단에 등장하자마자 많은 주목을 받았다. 1987년 계간『실천문학』으로 등단했고 등단한 이듬해에 첫 시집『슬픔 만한 거름이 어디 있으랴』(1988)를 펴냈다. 80년대의 시단의 분위기는 당대의 독재 정권에 맞서는 정치적 이데올로기를 시적으로 표현하려는 작업들이 주류를 이루고 있었다.

허수경은 당대를 살아가는 힘 없는 사람들의 목소리, 특히 여성의 목소리를 전면에 내세우면서 실천적 지평에서 다루어야 할 메시지와 개인적 감성을 모두 포괄하는 독자적인 시편들을 선보였다. 이런 시인의 작업이 높은 평가를 받았다. 4년 뒤에 펴낸 두 번째 시집『혼자 가는 먼 집』(1992)도 좋은 평가를 받았다. 시인의 감수성이 돋보이는 이 시집에서 허수경은 역사의식이나 시대의식에 구애받지 않고 개인의 감성을 독자적인 언어 표현으로 길어냈다. 시집의 큰 성공이 있었으나 허수경 시인은 이 시집을 마지막으로 한국에서 시작 활동하는 것을 마무리하고 삶의 터전을 바꾸었다. 독일로 이주해 갔던 것이다. 시인이 왜 그런 선택을 했는지는 잘 알려져 있지 않다.

독일로 이주한 시인은 고대 근동 고고학을 선택하여 뮌스터 대학에서 공부하기 시작했다. 고고학을 공부하면서 고대 근동 지역의 발굴에도 참여했고 공부를 지도한 독일인 지도교수와 결혼했다. 그러는 사이에도 시인은 시 쓰기를 지속했다. 고고학적 상상력의 영향이 잘 드러난『청동의 시간 감자의 시간』(2005), 우리나라의 젊은 시인들과의 시적 교류의 성과라 스스로 밝혔던『빌어먹을 차가운 심장』(2011), 감각적 언어로 길어낸 '죽음'에 대한 탐구가 돋보이는『누구도 기억하지 않는 역에서』(2016) 등이 그것이다. 『누구도 기억하지 않은 역에서』는 시인의 마지막 시집인데, 이 시집을 묶어내는 동안 허수경은 위암 판정을 받고 투병중이었다. 투병 중에도 시인은 창작과 번역에 몰두했고, 『파울 첼란 전집』 2권의 원고 번역 작업을 마쳤다. 2018년 10월 3일에 시인은 위암으로 별세했다. 별세한 후에 유고집 『가기 전에 쓰는 글들』(2019)과 『파울 첼란 전집』(2020)이 출간되었다.

  허수경 시인은 '죽음'을 앞두고도 자신이 글을 쓰는 사람이며 시인이라는 것을 잊지 않았다. 그녀에게 '죽음'은 단순히 끝이 아니었다고 느껴진다. 그것은 시인이 마지막으로 묶은 시집인 『누구도 기억하지 않는 역』에서 '죽음'을 대하는 시적 태도에서 잘 느껴진다. 허수경 시인이 '죽음'을 대하는 자세에는 어떤 발랄함이 함께 한다. 그것은 특히 2부에 수록된 시들에서 강하게 나타난다. 2부에 수록된 시의 제목들을 살펴보면 바로 눈치챌 수 있겠지만 여기서 '죽음'은 단순히 생의 끝이 아니라 일종의 '열매'와 같은 것이다.

  '열매'로 맺히게 되는 '죽음', 그것은 시인에게 어떤 의미였을까. 이제부터는 허수경 시인이 자신의 삶의 끝으로 향하는 길에서 마주한 '죽음'의 향기와 의미를 어떻게 시적으로 표현하고 있는지를 살펴보려 한다.

누구도 기억하지 않는 역에 도착하기

예능 〈알쓸신잡2〉에서 김영하는 허수경의 독일 집에 놀러
간 기억에 대해서 이야기한다. 허수경의 남편은 근동 고고학
의 전문가일 뿐만 아니라 근동 지방의 향신료에 대해서도 조
예가 깊다고 했다. 그래서 그 집 주방에는 다양한 지역의 향신
료가 있었고, 그가 해주는 음식은 색달랐다고 기억했다. 김영
하에 따르면, 주방에서 일하는 것은 남편이 도맡아 하는 것이
어서 허수경의 집에 놀러갔을 때, 남편의 음식을 대접받았다
고 한다. 향신료의 세밀한 차이까지 아는 남편의 모습은 묘하
게도 허수경의 예민함과 어울린다고 하는 말도 덧붙인다. 그
러면서 존경하는 허수경 시인의 죽음을 애도한다. 곁에 있던
유시민도 말을 보탰다. 다른 사람에 비해서 모든 감각기관들
이 예민해서 그 예민함을 바탕으로 시적 표현을 구사해서 시
를 읽을 때 그 고통이 그대로 다가와 읽기가 힘들 정도라고 말
했다.

허수경의 예민한 감각은 『누구도 기억하지 않는 역에서』에

도 그 특성을 그대로 발휘하고 있다. 시집 전반에 죽음의 이미지가 어른거린다. 그러나 허수경의 시에서 죽음의 모티브들은 생명의 끝자리를 가리키고 있지만은 않다. 죽음의 모티브들은 우리로 하여금 그동안 걸어온 자리들을 뒤돌아보게 만들고 다시금 생명이 빛나는 순간들의 소중함을 감각하게 만든다. 그 지나간 자리들에는 옛사람의 자취들처럼 깃든 빛나는 순간들이 자리잡고 있다. 빛나는 것들은 이미 지나간 뒤에야 그 빛남을 감각할 수 있게 한다는 점에서 슬프지만, 그 슬픔마저 지나 도착하는 자리에는 향긋한 열매가 있다.

시집에 수록된 시편들 중 상당수가 열매와 관련된 제목들과 꽃과 관련된 제목들인데, 이런 시들에 깃든 시인의 사유가 생명과 죽음이 사실은 서로 연결되어 있다는 것을 밝혀 드러내는 것임을 암시한다. 그 자리들은 누구도 기억하지 않는 역이지만 바로 그렇기에 늘 다시 누군가가 찾아가서 처음으로 마주하게 될 경이의 자리이다. 삶이란 돌이켜보면 그런 경이를 살아낸 시간이었다고 허수경은 노래하고 있는 것이다. 예를 들면 허수경은 상큼한 레몬을 마주하고 그 레몬에서 죽음과 삶이 창출하는 경이를 언어적으로 표현하고 그 향기를 끌어내는 모습을 보여준다. 다음의 시가 바로 그것이다.

당신의 눈 속에 가끔 달이 뜰 때도 있었다 여름은 연인의 집에 들르느라 서두르던 태양처럼 짧았다

당신이 있던 그 봄 가을 겨울, 당신과 나는 한 번도 노래를 한 적이 없다 우리의 계절은 여름이었다

시퍼런 빛들이 무작위로 내 이마를 짓이겼다 그리고 나는 한 번도 당신의 잠을 포옹하지 못했다 다만 더운 김을 뿜으며 비가 지나가고 천둥도 가끔 와서 냇물은 사랑니 나던 청춘처럼 앓았다

가난하고도 즐거워 오랫동안 마음의 파랑 같을 점심식사를 나누던 빛 속, 누군가 그 점심에 우리의 불우한 미래를 예언했다 우린 살짝 웃으며 대답했다, 우린 그냥 우리의 가슴이에요

불우해도 우리의 식사는 언제나 가득했다 예언은 개나 물어가라지, 우리의 현재는 나비처럼 충분했고 영영 돌아오지 않을 것처럼 그리고 곧 사라질 만큼 아름다웠다

레몬이 태양 아래 푸르른 잎 사이에서 익어가던 여름은 아주 짧았다 나는 당신의 연인이 아니다, 생각하던 무참한 때였다,

짧았다, 는 내 진술은 순간의 의심에 불과했다 길어서 우리는
충분히 울었다

마음속을 걸어가던 달이었을까, 구름 속에 마음을 다 내주던
새의 한 철을 보내던 달이었을까, 대답하지 않는 달은 더 빛난
다 즐겁다

숨죽인 밤구름 바깥으로 상쾌한 달빛이 나들이를 나온다 그
빛은 당신이 나에게 보내는 휘파람 같다 그때면 춤추던 마을 아
가씨들이 얼굴을 멈추고 레몬의 아린 살을 입안에서 굴리며 잠
잘 방으로 들어온다

저 여름이 손바닥처럼 구겨지며 몰락해갈 때 아, 당신이 먼 풀
의 영혼처럼 보인다 빛의 휘파람이 내 눈썹을 스쳐서 나는 아리
다 이제 의심은 아무 소용이 없다 당신의 어깨가 나에게 기대오
는 밤이면 당신을 위해서라면 나는 모든 세상을 속일 수 있었다

그러나 새로 온 여름에 다시 생각해보니 나는 수줍어서 그 어
깨를 안아준 적이 없었다

후회한다

　지난여름 속 당신의 눈, 그 깊은 어느 모서리에서 자란 달에 레몬 냄새가 나서 내 볼은 떨린다, 레몬꽃이 바람 속에 홍얼거리던 멜로디처럼 눈물 같은 흰 빛 뒤안에서 작은 레몬 멍울이 열리던 것처럼 내 볼은 떨린다

　달이 뜬 당신의 눈 속을 걸어가고 싶을 때마다 검은 눈을 가진 올빼미들이 레몬을 물고 향이 거미줄처럼 엉킨 여름밤 속에서 사랑을 한다 당신 보고 싶다, 라는 아주 짤막한 생애의 편지만을 자연에게 띄우고 싶던 여름이었다

　　　　　　　　　　　　　　　　　　　　─「레몬」 전문

　「레몬」은 일견 '죽음'과 무관해 보인다. 하지만 시를 천천히 짚어 가며 읽다 보면 '죽음'의 어떤 차원과 연관되어 있다는 것을 알 수 있다. 시는 자신의 삶을 마무리하는 지점, 즉 '죽음'을 맞이하는 지점에 와서 지나간 시절인 삶의 순간순간들을 회상하는 방식으로 전개되는 시이다. 회상으로 통해 비쳐진 삶은 "여름"이다. "우리의 계절은 여름"이었다는 회상이 그것을 말

한다.

"여름"은 나만의 시간이 아니라 우리의 시간이었다. 나와 당신은 한때 늘 함께였다. 하지만 서로를 향해 있던 시간은 짧은 여름이었고 점심식사의 한때였다. 그런 점에서 '나'와 '당신'은 "나는 한 번도 당신의 잠을 포옹하지 못했다"가 암시하듯이 "불우"한 연인이었음을 알 수 있다. 그래서 '나'는 회상한다. "나는 당신의 연인이 아니다, 생각하던 무참한 때였다, 짧았다, 는 내 진술은 순간의 의심에 불과했다. 길어서 우리는 충분히 울었다"고 말이다. 그들의 사랑은 불우했고, 그러한 불우한 연인임에도 불구하고 "레몬이 태양 아래 푸르른 잎 사이에서 익어 가던 여름은 아주 짧았다"가 암시하듯이 사랑은 향기롭게 익었다. 또한, 그것을 맛볼 시간도 없이 사랑의 시간이 짧았음을 알 수 있다. 그리고 짧았던 사랑의 기간인 "여름"은 "손바닥처럼 구겨지며 몰락해" 갔다.

강렬한 사랑의 계절이 지나고 나서야 '나'는 깨닫는다. "당신의 어깨가 나에게 기대 오는 밤이면 당신을 위해서라면 나는 모든 세상을 속일 수 있"다고 생각했음을. 그럼에도 한번도 그렇게 하지 못했다. 사랑을 위해서 그렇게 하지 못했다. 레몬처럼 아린 사랑이었지만 레몬처럼 향기로 풍요로워지지 못했고 레몬의 향기처럼 솔직하지 못했다. 그러기에 '나'는 다시 "여름"이 오는 때에 느끼는 것이다. "달이 뜬 당신의 눈 속을 걸어가고 싶을 때마다 검은 눈을 가진 올빼미들이 레몬을 물고 향이 거미줄처럼 엉킨 여름밤"에 비로소 하고 싶은 말들을 하고 싶다고. 그 말은 특별한 말이 아니다. "사랑을 한다 당신 보고 싶다"라는 솔직한 사랑 고백이다.

레몬은 그렇게 '나'에게 알려준다. 솔직한 사랑의 말만이 "생애의 편지"라고 말이다. 살아 있음을 온전히 느꼈던 당신과 나의 여름이 끝나고, 삶이 끝나는 때에 이르러 '나'는 깨닫게 되는 것이다. 그것이 삶의 의미이고 무엇보다 '죽음'이 우리 앞에서 삶을 향해 비춰주는 향기라고 말이다. 그래서 열매인 레몬은 생의 가장 깊은 향을 품은 절정을 가리키는 결실인 동시에 그것을 보여주면서 죽음을 환기하는 매개이다.

허수경의 시에서 죽음에 대해 가지는 이러한 태도는 다음의 시 「라일락」에서 더욱 강렬하게 나타난다. 여기서는 발랄함마저 나타나는데, 여기에 이르면 허수경의 시에서 '죽음'은 단순한 생의 끝이 아니라는 것을 알 수 있다.

라일락

어떡하지,

이 봄을 아리게

살아버리려면?

신나게 웃는 거야, 라일락

내 생애의 봄날 다정의 얼굴로

날 속인 모든 바람을 향해

신나게 웃으면서 몰락하는 거야

스크랩북 안에 든 오래된 사진이

정말 죽어버리는 것에 대해서

웃어버리는 거야, 라일락,

아주 웃어버리는 거야

공중에서는 향기의 나비들이 와서

더운 숨을 내쉬던 시간처럼 웃네

라일락, 웃다가 지네

나의 라일락

―「라일락」전문

이 시에서 노래되는 상황은 라일락이 만개하여 향기의 절정을 공기 중으로 퍼트리면서 지기 시작하는 순간이다. 라일락은 봄꽃 중에서도 가장 향기롭고 그 향기도 멀리 가는 것이 특징이다. 우리가 봄꽃을 즐기는 시기는 대체로 벚꽃이 피는 시기이지만 봄의 절정은 라일락이 피는 시기이다. '나'는 그 라일락이 몰락하는 순간에 라일락을 호명한다. 그런데 이 호명은 단순한 호명이 아니라 라일락이 짧은 봄의 순간을 어떻게 살아야 할지를 묻는 질문과 더불어서 행해진다. "어떡하지,/이 봄을 아리게/살아버리려면?"이 그 질문이다.

'나'는 라일락의 화려한 개화와 화려한 향기가 "내 생애의 봄날 다정의 얼굴로/날 속인 모든 바람"으로 인해 평범한 봄의 화려함과는 달랐다고 노래한다. 그것은 '나'가 느끼는 라일락의 한 생이었을 것이다. 그래서 그 생이 아릴 수 있다고 생각한다. 그러나 '나'는 이러한 아리고 시린 한 생에 대해서 어떤 원망을 하고 있는 것은 아니다. 오히려 그러한 생을 살아 버리려면 어떻게 해야 할지 자문하는 것이다. 그리고 라일락에게 물은 그 질문을 자신에게 돌려주듯이 라일락을 호명하면서 노래한다. "웃어버리는 거야"라고 말이다.

아프고 고통스러운 생을 향해, 향기롭고 아름다운 꽃으로 피어났음에도 아플 수밖에 없었던 봄꽃과 같은 짧은 생에 대하여 '나'는 노래한다. 웃어 버리자고. "신나게 웃으면서 몰락하"자고 노래한다. 그것을 통해 '죽음'에 이르렀을 때, '죽음'을 뛰어넘을 수 있다고 생각하는 것이다. 라일락을 호명하면서 노래하던 감정은 여기에 이르면 '나'의 감정으로 다가온다. '죽음'을 마주하면서 그것을 어떻게 받아들일지에 대한 시인의 자세가 여기에 깃들어 있다. 이는 '죽음'에 대한 시인의 적극적인 대응이라고 할 수 있다. 그리고 이 시의 '나'는 실제로 라일락이 웃으며 지는 것을 본다. "공중에서는 향기의 나비들이 와서/더운 숨을 내쉬던 시간처럼 웃네/라일락, 웃다가 지네/나의 라일락"이라는 진술에서 그것을 느낄 수 있다. 그래서 자신이 바라던 행위는 '죽음'을 마주하고 아린 생을 웃으며 살아낸 라일락을 "나의 라일락"이라고 부르는 것이다.

'죽음'을 긍정하는 이러한 시인의 태도는 시인이 고고학의 영역에서 마주했던 '죽음'들과 연결되는 상상력으로 이어진다. 이제 자신의 소멸과 죽음은 이 세계에 태어나는 생명들과 만나고 대화하는 것으로 이어진다. 그런 점에서 '죽음'은 누구도 기억하지 않는 역에 홀로 서는 일이지만 거기에서 끝나는 것이 아니다. '죽음'은 그 역에 생의 향기를 깃들게 해두었고 이미 거주가 끝난 생이 어떻게 역을 떠나야 하는지 알려주는 지평에 놓여 있기도 하다. 삶은 고통스럽고 고단했지만 향기를 지닌 열매로 익어 갔고 그 열매를 맺도록 하기 위해 삶의 순간들은 아리고 고통스런 순간에도 웃으며 왔다. 그렇게 온 자리가 바로 '죽음'의 자리이며, 자기만의 역인 것이다. 그 자리에서 배웅나온 존재들은 죽은 자들뿐 아니라 죽은 자들과 자리를 바꾸는 존재다. 그 존재들은 새로 태어나는 자들이다. 이는 자연의 순환을 함의하고 있으며 이 순환은 서로가 서로에게 생의 메시지를 전하는 대화의 장으로 나타난다.

오래된 죽음과 대화하면 다시 태어나는 것들과 인사할 수 있지

삶이 끝나고 우리는 '죽음'으로 향해 간다. 이때 우리는 단순히 우리의 '죽음'을 마주하는 것으로 끝나지 않는다. 우리는 '죽음'을 통해 오랜 시간을 건디고 마주하게 된 여러 다른 '나'를 마주하게 된다. 시인은 이 마주함을 '역'이란 장소를 통해 재현한다. 그리고 그 '역'에서 대화의 장이 열린다. 나의 여러 다른 자아와 만나면서 소멸을 함께 마주하면서 놀랍게도 다음 세대로 이어지는 생의 순간들을 본다. '죽음'은 그런 점에서 생의 소멸이면서 새로운 생의 탄생을 가능하게 하는 장소이다. 아래의 시 「빙하기의 역」이 이를 잘 보여준다.

오랜 시간이 지났다 그리고 우리는 만났다
얼어붙은 채
누구도 기억하지 않는 역에서

내 속의 할머니가 물었다, 어디에 있었어?
내 속의 아주머니도 물었다, 무심하게 살지 그랬니?
내 속의 아가씨가 물었다, 연애를 세기말처럼 하기도 했어?
내 속의 계집애가 물었다, 파꽃처럼 아린 나비를 보러 시베리아로 간 적도 있니?
내 속의 고아가 물었다, 어디 슬펐어?

그는 답했다, 노래하던 것들이 떠났어
그것들, 철새였거든 그 노래가 철새였거든
그러자 심장이 아팠어 한밤중에 쓰러졌고

하하하, 붉은 십자가를 가진 차 한 대가 왔어

소년처럼 갈 곳이 없어서

병원 뜰 앞에 앉아 낡은 뼈를 핥던

개의 고요한 눈을 바라보았어

간호사는 천진하게 말했지

병원이 있던 자리에는 죽은 사람보다 죽어가는 사람의 손을
붙들고 있었던 손들이 더 많대요

뼈만 남은 손을 감싸며 흐느끼던 손요

왜 나는 너에게 그 사이에 아무 기별을 넣지 못했을까?

인간이란 언제나 기별의 기척일 뿐이라서

누구에게든

누구를 위해서든

하지만 무언가, 언젠가, 있던 자리라는 건, 정말 고요한 연 같
구나 중얼거리는 말을 다 들어주니

빙하기의 역에서

무언가, 언젠가, 있었던 자리의 얼음 위에서

우리는 오래 즐거운 시간을 보냈다. 아이처럼

아이의 시간 속에서만 살고 싶은 것처럼 어린 낙과처럼

그리고 눈보라 속에서 믿을 수 없는 악수를 나누었다

헤어졌다 헤어지기 전

내 속의 신생아가 물었다, 언제 다시 만나?

네 속의 노인이 답했다, 꽃다발을 든 네 입술이 어떤 사랑에

정직해질 때면

내 속의 태아는 답했다, 잘 가

—「빙하기의 역」 전문

  이 시의 공간은 빙하기의 역이다. 빙하기는 역사에서 선사 시대 이전에 속하는 시간대이다. 무엇보다 빙하기에는 '역'이란 공간이 존재하지 않았다. 그런 점에서 이 시에서 불러온 공간인 빙하기의 역은 시인의 상상력의 의해 구현된 공간이다. 1연에서 "오랜 시간이 지났다 그리고 우리는 만났다/얼어붙은 채/누구도 기억하지 않는 역에서"라는 표현으로 미루어 보아

'빙하기'는 얼어붙은 채 누군가를 만나는 시간이다. 그것은 '죽음'을 환기한다.

'죽음'을 마주하는 자리, 그래서 자기-자신이 경유했던 수많은 다른 자아들을 마주하는 자리다. 그곳이 역이다. "무언가, 언젠가, 있었던 자리의 얼음 위"가 바로 그 역이며, 그 역에서 우리는 잠시 만나고 서로 대화하면서 해후할 수 있다. 이어지는 연에서 여러 다른 자기-자신이 나타나 서로에게 질문한다. "내 속의 할머니가 물었다, 어디에 있었어?/내 속의 아주머니도 물었다, 무심하게 살지 그랬니?/내 속의 아가씨가 물었다, 연애를 세기말처럼 하기도 했어?/내 속의 계집애가 물었다, 파꽃처럼 아린 나비를 보러 시베리아로 간 적도 있니? 내 속의 고아가 물었다, 어디 슬펐어?"라고 연속된 질문들이 나오는 부분이 바로 그것이다. 이 질문들은 우리 스스로에게 삶을 되돌아보게 만드는 질문이다.

흥미로운 점은 이 질문들에 대한 대답을 하는 존재들이 타자를 포함한다는 것이다. "그"와 "간호사"의 대답들이 그것이다. 먼저 "그"의 답변을 보면, "노래하던 것들이 떠났어/그것들, 철새였거든 그 노래가 철새였거든/그러자 심장이 아팠어 한밤중에 쓰러졌고/하하하, 붉은 십자가를 가진 차 한 대가 왔어"라고 답한다. 삶을 지탱하던 "노래"가 철새처럼 자신을 떠났을 때, 쓰러졌고 병원으로 오게 되었다는 것이 그 대답이다. 이로 미루어보아 '빙하기의 역'에는 나-자신 외에도 나-자신에 대한 질문에 답해줄 다른 사람들이 존재하고, 그것이 가능한 것은 '죽음'과 이 역이 가까이에 있기 때문임을 알 수 있다.

이 자리가 '죽음'과 가까운 자리일 수밖에 없다는 것은 "간호사"의 대답이 나타나는 지점에서 잘 나타난다. "간호사는 천진하게 말했지/병원이 있던 자리에는 죽은 사람보다 죽어가는 사람의 손을 붙들고 있었던 손들이 더 많대요/뼈만 남은 손을 감싸며 흐느끼던 손요"라고 진술하는데, '죽음'을 앞둔 병상에 모인 사람들과 그들의 애도 행위에 대한 묘사가 나타난다. 이런 애도하는 사람들의 모습을 통해 '나'는 삶이 존재의 "기별"이며 그것을 보내는 것이 별것 아닐지 몰라도 존재에 대한 윤리라는 것을 알게 된다. 그래서 '나'는 이 사소한 행위들, "중얼거리는 말들"을 다 들어주고 나눌 수 있는 '빙하기의 역'을 따뜻한 마음으로 바라볼 수 있게 된다.

이로 인해, '나'는 여러 다른 나의 '죽음'을 애도할 수 있게 된다. "무언가, 언젠가, 있었던 자리의 얼음 위에서/우리는 오래 즐거운 시간을 보냈다. 아이처럼/아이의 시간 속에서만 살고 싶은 것처럼 어린 낙과처럼/그리고 눈보라 속에서 믿을 수 없는 악수를 나누었다"라는 표현이 그것이다. 소멸과 떨어짐의 운동 속에서 다른 여러 자아인 나-자신은 "아이"처럼 즐겁게 서로를 향해 애도하며, 그 소중한 시간을 통해 서로를 긍정하는 "눈보라 속에서 믿을 수 없는 약속"을 하게 된다. 이러한 애도를 통해서 시의 말미에서 '나'는 내 안에 새로이 깃들 수 있는 가능성으로 보이는 "태아"의 작별인사를 듣는다. "잘 가"라는 인사 말이다.

이렇듯 허수경은 시에서 '죽음'의 공간을 가시화하면서 그 공간에서 단 한번도 서로 동일한 시간을 살지 못한 여러 다른 나-자신의 해후와 대화를 표현하고 그 모든 것들을 긍정하면서 '죽음'을 맞이하는 자기 애도의 행위를 수행한다. 이렇게 하여 '죽음'은 삶을 마지막에 이르러 긍정하고 새로운 가능성의 지평으로 손을 흔들어주는 작별인사임이 드러난다. 허수경이 노래한 '죽음'은 그런 점에서 단순한 생의 소멸을 의미하지 않는다. 오히려 다음에 올 새로운 존재들이 삶을 환대하도록 이끄는 거대한 제의이다.

지금까지 허수경 시인의 시집 『누구도 기억하지 않는 역에서』를 중심으로 시인의 '죽음'에 대한 인식을 살펴보았다. 시인은 삶이 고난이며 고통이고 무엇보다 이루지 못한 사랑으로 회한을 가질 수밖에 없는 시간이라고 생각한다. 그럼에도 그러한 삶은 향기로운 열매로 익었고 그 열매들 속에는 다음 생을 기약하듯 빼곡한 씨앗들이 아직 시작하지 않은 말들처럼 자리잡고 있다는 것을 보여준다. 그것들의 발견을 통해서 시인은 '죽음'을 통해 고난의 생을 살아온 여러 다른 자신을 위로하고 단 한번도 동일한 시간에 속했던 적이 없는 '나'의 분신들과 화해를 이루어낸다. 그 장소는 오직 자기에게만 열려 있고 '죽음'의 곁에 있는 존재에게만 열려 있는 차디찬 '빙하기의 역'이지만, 세상 그 어느 곳보다 따듯하고 다정한 작별을 고할 수 있는 장소이다. '죽음'은 누구도 기억하지 않는 역이지만 그래서 슬프고 고통스럽지만은 않다.

03

제3의 길과 아노미적 죽음

—최인훈의 『광장』과 박상연의 『DMZ』

우찬제

자살, 진정한 철학적 문제?

세상사 널리 두루 경험하여 모든 것을 헤아리며 능통했다고 알려진 이가 있었다. 신들만이 안다는 궁극의 비밀에 다가서고 그 신비로운 비밀의 장막을 벗기며 존재의 심연을 향한 여정을 영웅적으로 수행한 이가 있었다. 기원전 2600년경 고대 메소포타미아 수메르 남부의 도시 국가 우루크의 전설적인 왕 길가메시(Gilgamesh)가 바로 그 주인공이다. 고대 그리스 호메로스(Homeros)의 『오디세이아』보다 무려 1500년 내지 2000년 앞선 것으로 추정되는 이 『길가메시 서사시』를 잉태한 수메르는 지금의 이라크 지역 유프라테스 강과 티그리스 강 사이에서 인류 최초로 성숙한 문명을 이룩했던 도시국가들이다. 모든 것을 본 사람, 모든 지혜의 정수, 심지어 심연을 본 존재로 이야기되는 길가메시. 그는 자신의 지혜와 경험을 총동원하여 불멸의 신화에 도전하지만, 결국 필멸의 운명을 절감하고 만다. 죽음으로부터 해방되고자 가까스로 생명의 식물인 불로초를 구하게 되지만 잠깐 방심하는 사이에 뱀에게 빼앗기고 말았기 때문이다. 그는 그 식물의 이름을 "늙은이(길가)가 젊은이(메시)로 되다"로 불렀는데, 주인공 길가메시의 의미 또한 그러하다. 순간을 사는 인간이 어떻게 영생을 얻을 수 있을 것인가. 혹은 인간은 어떻게 죽음이란 사건을 겪지 않을 수 있을 것인가. 길가메시가 던졌던 이런 질문은 고대 이래 가장 도전적인 질문에 속할 터이다. 그렇다는 것은 절대적인 신들이 인간을 창조할 때 탄생 서사 옆에 나란히 죽음의 서사를 운명적으로 마련해 두었다는 사실을, 이 『길가메시 서사시』가 이미 받아들이기 때문이다.

그 누구도 피할 수 없는 운명적 사건이기에 더욱 두텁고 복합적인 베일을 쓰고 있는 것이 죽음인지도 모른다. 「오르페우스에게 바치는 소네트」에서 라이너 마리아 릴케(Rainer Maria Rilke)가 "죽음, 그리고 그 속에 숨어 있는 것은 베일을 벗기를 기다린다"고 적었던 것을 굳이 상기하지 않는다고 하더라도, 죽음은, 죽음이라는 사건의 심연은, 너무 깊고 깊어서 쉽게 말하기 곤란하다. 그동안 지성사의 여러 논자가 죽음을 언급하면서 헤아리거나 풀어내기 어려워 가히 불가사의한 것, 알려지지 않은 것 중에서도 가장 미지의 사건이라고 했던 것을 우리는 기억한다. 특히 죽음에 대해 묻는 계로(季路)의 질문에 스승인 공자(孔子)가 '삶도 알 수 없거늘 어찌 죽음을 알 수 있겠느냐'[未知生 焉知死]고 말했다는『논어』'선진' 편의 본문은 역설적인 위안을 주는 게 사실이다. 미지의 사건에 답하는 하나의 유용한 참조를 제공하기 때문이다.

죽음 전체가 이해하기 어려운 미지의 사건이지만, 그 중에서도 '자살'은 더욱 난해하고 문제적인 사건에 속한다. 알베르 카뮈(Albert Camus)가『시지포스의 신화』에서 오직 하나의 진정한 철학적인 문제로 자살을 주목한 것은 널리 알려진 사실이거니와, 고대 이래 자살에 대한 찬반 논의는 매우 다채로웠다.『파이돈』에서 플라톤(Plato)은 신의 선물인 생명을 함부로 좌지우지할 권한이 인간에게 없다고 했고,『사물의 본성에 관하여』에서 에피쿠로스(Epikouros) 역시 자살은 세상이나 사물에 대한 잘못된 인식의 소산이라며 비판하고 배격했다. 그런가 하면 또 다른 에피쿠로스학파 루크레티우스(Titus Lucretius Carus)는 불행한 삶에 종지부를 찍는 방편으로 자살을 논의했다. 세네카(Lucius Annaeus Seneca)도 삶의 고통이나 불만, 궁

핍과 형벌에서 벗어나게 하는 인간 자유의지의 궁극적인 표현이라며, 여러 고통을 치유해주는 최종의 약으로 자살을 거론하기도 했다. 이런저런 자살 논의를 정리하는 마당에서 임철규는 "인간 고유의 사건"*으로 자살을 주목한다. 최근의 안락사 논의나 자기 결정권 문제 등과 관련하여 헤아리더라도 인간 고유의 사건으로서 자살은 참으로 문제적인, 그러니까 카뮈가 언급했던 그대로 대단히 진정한 철학적 질문이 아닐 수 없겠다.

여기 이명준의 자살도 그렇다. 이명준은 누구인가? 그를 누가 모르겠는가? 그를 모르는 이 없을 수 있겠는데, 그렇다고 그의 자살에 대해 쉽게 설명하기란 그리 쉬운 일이 아니다. 작가 최인훈이 4·19혁명의 기운을 바탕으로 1960년에 지은 평판작 『광장』의 주인공 이명준. 한반도의 남쪽과 북쪽 체제를 두루 체험하고 철저하게 실망한 인물. 그리하여 거제 포로수용소에서 결국 남도 북도 아닌 제3국을 선택한 인물. 그러나 제3국으로 가는 배에서 투신자살로 생을 마감할 수밖에 없는 운명적 인물. 그런 인물인 이명준을 우리는 잘 안다. 그의 자

---

* 임철규, 『죽음』, 한길사, 2012, 15쪽.

살은 정녕 한반도는 물론이거니와 20세기 세계 체제의 진정한 철학적 질문을 함축하고 있다는 점에서 각별한 주목을 요한다. 『광장』이후 한 세대도 더 지난 1997년 작가 박상연은 『DMZ』를 발표한다. 이 소설은 만약『광장』에서 이명준이 제3국으로 가는 배에서 자살하지 않고 계속 항해했더라면 어떠했을까, 가정하고 상상하며 쓴 작품이다. 이 두 작품을 중심으로 분단 체제 내지 냉전 체제와 죽음, 제3의 길의 탐문 가능성과 불가능성, 그리고 제3의 길을 향한 길의 혼돈상과 그와 관련된 아노미적인 방황과 자살, 죽음의 문제를 성찰해보고자 한다.

크레파스보다 진한 바다에서 이명준은…

널리 알려진 대로 최인훈의『광장』은 냉전 시대 한반도 분단 상황과 세계 체제에 대한 관념적 성찰의 가능성을 보여준 소설이다. 소설의 표제가 암시하는 것처럼 공간적인 요소와 그 대립구조가 주제적 탐문 과정과 긴밀하게 호응한다. 즉 '광장'과 '밀실'로 상징되는 대립의 극적 형상화 및 그 대립의 해소, 그러니까 '광장-밀실'의 변증법적 지양을 통한 제3의 공간 혹은 제3의 길을 모색하고자 하는 희망의 추구와 그 현실적 좌절이

기본 골격을 이룬다. 이 작품에서 광장이 집단적 삶, 사회적 삶을 상징한다면, 그 반대편에서 개인적 삶, 실존적 삶을 상징하는 것이 곧 밀실이다. 타락한 밀실 위주의 남한 자본주의 사회와 타락한 광장 위주의 북한 공산주의 사회에서 모두 실망하고 절망한 이명준이, 중립국으로 가는 인도 배 타고르호에서 "크레파스보다 진한 바다"로 투신자살한다는 이야기가 이 소설의 중심이다. 너무 단도직입적인 느낌이긴 하지만, 소설 끝부분의 자살 장면으로 바로 돌입하기로 하자.

부채를 쭉 편다. 바다가 있고, 갈매기가 있는 그림이 그려져 있다. 부채를 접었다 폈다 하다가, 스르르 눈을 감는다. 머릿속으로 허허한 벌판이 끝없이 열리며, 희미한 모습이 해돋이처럼 차츰 떠올랐다.

……ⓐ**펼쳐진 부채**가 있다. 부채의 끝 넓은 테두리 쪽을, 철학과 학생 이명준이 걸어간다. 가을이다. 겨드랑이에 낀 대학신문을 꺼내 들여다본다. 약간 자랑스러운 듯이. (중략) 다음에, ⓑ**부채의 안쪽 좀더 좁은 너비에**, 바다가 보이는 분지가 있다. 거기서 보면 갈매기가 날고 있다. 윤애에게 말하고 있다. 윤애 날 믿어줘. 알몸으로 날 믿어줘. 고기 썩는 냄새가 역한 배 안에서

물결에 흔들리다가 깜빡 잠든 사이에, 유토피아의 꿈을 꾸고 있는 그 자신이 있다. 조선인 꼴호즈 숙소의 창에서 불타는 저녁놀의 힘을 부러운 듯이 바라보고 있는 그도 있다. 구겨진 바바리코트 속에 시래기처럼 바랜 심장을 안고 은혜가 기다리는 하숙으로 돌아가고 있는 9월의 어느 저녁이 있다. 도어에 뒤통수를 부딪치면서 악마도 되지 못한 자기를 언제까지나 웃고 있는 그가 있다. 그의 ⓒ삶의 터는 부채꼴, 넓은 데서 점점 안으로 오므라들고 있었다. 마지막으로 은혜와 둘이 안고 뒹굴던 ⓓ동굴이 부채꼴 위에 있다. 사람이 안고 뒹구는 목숨의 꿈이 다르지 않느니. 어디선가 그런 소리도 들렸다. ⓔ그는 지금, 부채의 사북자리에 서 있다. 삶의 광장은 좁아지다 못해 끝내 그의 두 발바닥이 차지하는 넓이가 되고 말았다. 자 이제는? 모르는 나라, 아무도 자기를 알 리 없는 먼 나라로 가서, 전혀 새 사람이 되기 위해 이 배를 탔다. 사람은, 모르는 사람들 사이에서는, 자기 성격까지도 마음대로 골라잡을 수 있다고 믿는다. 성격을 골라잡다니! 모든 일이 잘 될 터이었다. 다만 한 가지만 없었다면. 그는 두 마리 새들을 방금까지 알아보지 못한 것이었다. ⓕ무덤 속에서 몸을 푼 한 여자의 용기를, 방금 태어난 아기를 한 팔로 보듬고 다른 팔로 무덤을 깨뜨리고 하늘 높이 치솟는 여자를, 그리고 마침내 그를 찾아내고야 만 그들의 사랑을.

ⓖ돌아서서 마스트를 올려다본다. 그들은 보이지 않는다. 바다를 본다. ⓗ큰 새와 꼬마 새는 바다를 향하여 미끄러지듯 내려오고 있다. 바다. 그녀들이 마음껏 날아다니는 광장을 명준은 처음 알아본다. 부채꼴 사북까지 뒷걸음질친 그는 지금 핑그르 뒤로 돌아선다. ⓘ제정신이 든 눈에 비친 푸른 광장이 거기 있다.

자기가 무엇에 홀려 있음을 깨닫는다. 그 넉넉한 뱃길에 여태껏 알아보지 못하고, 숨바꼭질을 하고, 피하려 하고 총으로 쏘려고까지 한 일을 생각하면, 무엇에 씌었던 게 틀림없다. 큰일날 뻔했다. 큰 새 작은 새는 미칠 듯이, 물 속에 가라앉을 듯, 탁 스치고 지나가는가 하면, 되돌아오면서, 그렇다고 한다. ⓙ무덤을 이기고 온, 못 잊을 고운 각시들이, 손짓해 부른다. ⓚ내 딸아. 비로소 마음이 놓인다. 옛날, 어느 벌판에서 겪은 신내림이, 문득 떠오른다. 그러자, 언젠가 전에, 이렇게 이 배를 타고 가다가, 그 벌판을 지금처럼 떠올린 일이, 그리고 딸을 부르던 일이, 이렇게 마음이 놓이던 일이 떠올랐다. 거울 속에 비친 남자는 활짝 웃고 있다.*(부호 및 진한 강조는 인용자)

---

* 최인훈, 『광장/구운몽』, 문학과지성사, 1978/1996, 186~188쪽.

이 자살 장면은 이명준의 삶과 죽음 전체가 총람적으로 망라되어 있다는 점에서 매우 인상적이다. 그러니까 '부채'는 이명준 일생의 체적을 환기한다. 두 번째 단락의 2/3 부분까지는 부채로 비유된 주인공의 과거 삶 전체, 의식과 무의식 전체가 입체적으로 압축되어 있다. ⓐ에서 ⓔ까지 강조한 부분을 주의하여 읽어 보면, '펼쳐진 부채'로 상징되는 인생 환경 혹은 존재 광장의 축소 괴멸 과정을 점강적으로 묘사한 것임을 알게 된다. 사북자리에서 부챗살 방향으로 점점 넓어지는 인생 행로가 아니라 그 반대 방향이라는 점이 정녕 문제다.

그는 존재론적 삶의 터전을 넓고 깊게 마련하기 위해 남한을 떠나 북한으로 갔었다. 그런데 북한으로 가면서 소망했던 이데올로기적 추구와는 달리 거기서도 철저하게 절망하고 만다. 자신의 이데올로기적 선택은 좌절과 절망으로 점철될 뿐이었다. 마치 이육사가 「절정」에서 "한 발 재겨디딜 곳조차 없"는 극한 상황을 묘사했던 것처럼, 그렇게 삶의 벼랑으로 내몰릴 수밖에 없었다. 이데올로기를 쫓았던 그의 인생 행로는 그토록 불우했다. 그렇게 부채의 사북자리 끝까지 내몰렸던 주인공은, 환멸 속에서 문득 자기를 방기한 채 제3국으로 표류하고 있었던 것임을, ⓕ를 통해 반성하게 된다. 동굴 속에서 나누었던 은혜와의 사랑은, 전쟁 상황의 급박함이나 죽음의 풍경 혹은 이데올로기라는 허위의식과는 상관없이, 존재론적 동일성이 확보될 수 있었던 무의식의 풍경이었다. 그것이 은혜의 죽음으로 끝난 줄 알았는데, ⓕ는 죽음에서 새로운 삶을 예비하는 환상을 환기한다. 자기 아이를 잉태했던 은혜의 죽음은 비단 죽음으로 그친 게 아니었다. 이런 ⓕ 단위로 인해 주인공은 ⓘ처럼 제정신이 들게 되고, 상징적인 '푸른 광장'을 보게 된다. 또 ⓙ의 손짓에 ⓚ처럼 간절하게 응답할 수 있게 된다. 그러기에 '신내림'의 분위기 속에서 '활짝 웃'으며 '푸른 광장'으로 몰입해 들어가게 되는 것이다. ⓘ의 앞 문장에 '돌아선다'는 서술어가 나오는데, 지금까지 그가 찾고자 했던 '남한-북한-제3국'이라는 수평축에서의 '광장'이 밀실과 대립되는 현실의 이데올로기적 광장이었다면, 그래서 실패할 수밖에 없었던 광장이었다면, 그가 돌아서서 볼 수 있었던 '푸른 광장'은 수직축에서 새롭게 열리는 영원의 광장이 되는 것이다. 그 푸른 광장은 광장과 밀실이 더 이상 이데올로기적으로 대립하지 않고 교감으로 조화를 이루며 회통하는 사랑의 세계를 상징한다. 그러므로 이제 이데올로기적 수평축은 사라지게 된다. 사랑의 환상적 수직축만이 의미 있는 공간 구도가 된다. ⑧에서 "돌아서서 마스트를 올려다보"는 장면은 방향 전환 후의 지각 행위를 나타낸다. 위쪽에서 그녀들이 보이지 않는다. ⓗ에서 보이는 것처럼 "큰 새와 꼬마 새는 바다로 향하여 미끄러지듯 내려오고 있"었던 까닭이다. 여기서 지향점과 공간 운동의 방향이 암시된다. 게다가 '바다'라는 한 단어가 한 문장을 구성하고 있지 않은가. 이런 시각적 지각 행위는 곧 ⓙ와 ⓚ의 내면적 교감과 대화로 이어진다.*

'푸른 광장'을 향한 과제의 거대함

결국 이명준의 길은 거기서 끝난다. 자살로 길을 마무리했기에 카뮈의 전언대로 진정한 철학적인 질문들이 여럿 함축되어 있다. 첫째, 이명준은 과연 환상적 분위기 속에서 죽음의 세계로 입사해 들어갈 수밖에 없었던 것일까? 둘째, 현실에서 의미 있는 광장도, 밀실도 지닐 수 없었을 뿐만 아니라, 소망스러운 '광장-밀실'의 조화로운 삶을 살 수도 없었던 이명준이 바다에 투신하기 직전에 보았다는 '푸른 광장'의 의미는 무엇

---

* 졸저, 『텍스트의 수사학』, 서강대학교출판부, 2005, 323~324쪽 참조.

일까? 셋째, 결국 운명적 인물 이명준의 죽음이 환기하는 바는 무엇인가?

작가 최인훈은 정치적 주제를 다루려면 당연히 현실 정치를 내밀하게 이해하는 것이 중요하면서도 가장 비정치적인 방식으로 형상화하는 것이 필요하다면서, 이것이 정치소설의 두 극을 형성한다고 한 산문에서 밝힌 바 있다. 그 두 극이 정치소설을 넉넉하게 만드는데 "국민적 규모의 소설이면서 정치적 유토피아에의 개방성과 공상을 잃지 않는 소설의 공간"이 좋은 정치소설의 요건이라고 강조한다.[*] 비교적 그의 논리를 충실하게 따라가다 보면, 남한과 북한의 체제 문제를 내밀하게 다루었다는 점에서 국민적 규모이면서 그 너머를 상상하고 추구하다가 절망하고 어떤 결정적 선택을 하는데 좌절하지 않을 수 없었다는 점에서 정치적 유토피아에의 개방성과 공상을 잃지 않으려 했다고 추론해 볼 수도 있겠다. 작가는 자살로 마무리될 수밖에 없었던 자기 주인공의 운명에 대해 이렇게 말한다.

---

[*] 최인훈, 「『광장』의 이명준, 좌절과 고뇌의 회고」, 『길에 관한 명상: 최인훈 전집 13』, 문학과지성사, 2010, 419쪽.

주인공 이명준의 자살은 당시의 한국 사람의, 그것도 젊은이가 마주친 운명과 과제의 거대함의 지표로 이해될 수 있다고 생각한다. 과제가 거대하면 자살하라는 주장이 아니라, 사람에게는 능력이나 그릇이 저마다 있기 때문에 어쩌다 분에 넘치는 과제에 맞닥뜨린 능력 부족의 인간은 자살할 수도 있다는 것 뿐이다. 과제의 심각성은 심각성대로 살아 있고, 얼마든지 있는 보통 정도의 인간의 능력에 대한 평가는 평가대로 매길 수 있다고 생각한다.[*]

무엇보다 "젊은이가 마주친 운명과 과제의 거대함" 혹은 "과제의 심각성"이란 부분이 눈길을 끈다. 1960년 11월 『새벽』에 발표할 당시부터 최인훈은 "운명을 만나는 자리를 광장이라고" 하자며 이 소설이 "풍문에 만족지 못하고 현장에 있으려한 우리 친구의 애기"임을 강조했다. 현장 부재로서 현장을 증거하고, 죽음으로 삶의 실체를 환기하려 한 것이 운명적 주인공 이명준의 죽음 사건이었던 것이다. 이명준이 크레파스보다 진한 바다에 빠져 죽는 사건이 아니었다면, 냉전 시대의 이데

---

[*] 최인훈, 「『광장』의 주인공 이명준에 대한 생각」, 앞의 책, 198~199쪽.

올로기와 사랑이라는 심각한 과제를 헤아리는 의미 있는 성찰의 그물을 마련하는 데 더 많은 시간이 걸렸을지도 모른다.

그렇다면 그가 죽기 직전에 환상적으로 본 '푸른 광장'은 무엇인가? 물론 일차적으로 푸른 바다가 그렇게 보였으리라. 그러나 주지하다시피 최인훈은 그리 단순한 작가가 아니다. 표면적 이미지를 넘어 매우 복합적인 성찰을 요청하는 의미론적 기호의 그물망을 매설해 놓은 것처럼 보인다. 무엇보다 '푸른 광장'은 분단 시대의 작가 최인훈의 대안 상상력과 관련되는 문화적 약호다. 민족적으로 혹은 이데올로기적으로 남북 분단이 해소된 광장, 정치적으로 개인과 집단의 갈등이 해소된 조화로운 광장, 경제적으로 타락한 욕망과 부의 불평등이 해소된 광장, 문화적으로 창조의 열정이 꽃피는 광장 등을 포괄적으로 상징하는 기호다. 그것은 또한 이데올로기 때문에 사랑이 훼손되지 않는 광장의 모습이기도 하다. 작가 최인훈은 '푸른 광장'이라는 문화적 약호를 통해 그가 소망하는 거의 모든 것을 함축하고자 했던 것으로 보인다. 그 최종 심급에서 이데올로기와 사랑의 경계를 넘어선 소망스러운 삶의 지평을 떠올릴 수 있다면, 이제 '푸른 광장'은 비록 분단국 작가의 대안 상상력에서 비롯되었으되, 인간 존재 그 자체를 웅숭깊게 성찰하는 세계 문학 작가의 대안 상상력으로 심화의 길을 걷는 문화적 약호로 재해석될 수 있겠다.

이와 같은 '푸른 광장'의 복합적인 의미망은 목숨을 걸지 않고는 마련되기 어려운 운명적인 것에 속한다. 작가의 표현대로라면 실로 거대하고 심각한 과제이기 때문이다. 그러니까 이명준의 죽음은 '푸른 광장'을 탐문하는 성찰의 길을, 그 방향을 환기하고 질문하고 있다는 점에서 철학적이다. 그리고 그 것은 훗날 앤서니 기든스 등의 논의로 널리 알려진 '제3의 길'을 열기 위한 철학적 질문 및 모색, 추구와도 관련된다. 작가 최인훈은 이데올로기의 위세가 격렬하던 냉전 시대를 분단국에서 살았던 작가였다. 북한에서 태어나 소년 시절까지 거기서 성장하다가 한국전쟁 와중에 윤제균 감독의 영화 〈국제시장〉의 흥남 철수 장면에서 극적으로 제시된 것처럼 LST를 타고 가까스로 남한으로 내려왔다. 『광장』을 집필할 무렵 그는 대전에서 장교로 군 복무를 하고 있었다. 훗날 자전적 성찰의 소설 『화두』에서도 환기한 것처럼 그는 그 어떤 세계 문학 작가보다도 예민하게 당대의 냉전 이데올로기를 넘어선 사랑의 총체성, 존재론적 동일성이 구현된 소망스런 '푸른 광장'을 동경하고 추구하기 위해 역설적으로 이명준을 죽음으로 입사케

하고 애도하지 않으면 안 되었던 것이다. 그러니까 이명준의 운명적 죽음에 대한 애도는 곧 아직 구현되지 않은 '푸른 광장'을 향한 희망의 원리에 대한 애도이자 역설적 소망이기도 하다. 죽음으로 살고 싶었던 것이다.

만약 이명준이 자살하지 않고 제3국으로 갔더라면……

『광장』에서 이명준의 이데올로기적 번민과 추구, 그리고 현실적 절망은 안타깝게도 자살로 마무리되었다. 제1의 길에서도, 제2의 길에서도 그에게 존재론적 동일성은 허락되지 않았다. 그래서 제3의 길을 향한 여행을 시도했던 것인데, 그 여로는 시작되자마자 그렇게 끝나고 말았다. 그럴 수밖에 없었다. 이명준이 제3의 길에서 꿈꾸었던 '푸른 광장'의 지난한 상징성 때문이었다. 과제의 심각성에 비해 그 담당자는 아노미적 혼돈의 상태를 벗어나기 쉽지 않았던 까닭도 있다. 사회학자 뒤르켐의 관점을 빌리자면 이명준의 죽음은 아노미적 자살에 가깝다. 당시의 상황으로서는 그의 운명적 좌절감과 절망감, 불안과 무질서와 혼돈을 견디고 넘어서게 할 진실의 푯대를 마련하기 어려웠다. 적극적 맥락에서 제3의 길을 향한 방향도 막

막혔거니와 소극적 측면에서 다시 숨 쉴 수 있는 실존적 근거를 찾기도 곤란했다. 작가의 표현대로라면 이데올로기라는 암초에 혹독하게 걸려든 탓이었다.

이 지점에서 박상연의 『DMZ』는 새로운 소설의 길을 찾아 떠난다. 이미 다른 자리에서 상세하게 논의한 적이 있지만,* 제3의 길 위에서 자살한 이명준을 되살려 그 이후의 세월을 조망하기 위한 서사적 의도를 짐작할 수 있다. 이제 최인훈의 이명준은, 박상연의 이연우가 된다. 그러나 이연우는 이명준과는 달리 이미 주인공의 자리를 차지할 수 없다. 길을 열어나가는 주체의 입장일 수 없다. 아들에 의해서 반성적으로 조망되는 한갓 피사체에 불과한 운명일 따름이다. 새롭게 주인공의 자리를 차지한 아들 베르사미에게 있어 그는 단지 비판과 부정의 대상일 뿐이다. 냉전시대의 피해자인 아버지에 대해, 탈냉전시대를 사는 아들 베르사미는 다음과 같이 생각한다.

그(강중위: 인용자)는 『광장』이라는 소설을 이야기하며 나의 아

---

* 졸고, 「제3의 길을 찾아서: 박상연의 『DMZ』 읽기」, 『고독한 공생』, 문학과지성사, 2003, 411~426쪽.

버지와 비슷한 삶을 산 사람을 주인공으로 한 책이라는 설명을 덧붙였다. 그 소설의 주인공은 마지막에 자살을 한다고 한다. 아버지도 강중위가 말한 그 주인공처럼 '크레파스보다 더 진한 인도양'에 몸을 던졌어야 했다. 아버지의 인생이라는 소설도 그렇게 매력적인 결말을 가지는 게 나았다. 나와 쿠비, 아버지 자신을 위해서도 그게 좋았다….[*]

『광장』보다 한 세대 후의 소설인 만큼 박상연의 『DMZ』에서 이명준이 아니라 그 아들 세대가 이야기의 주역을 담당하는 것은 여러 모로 자연스럽다. 판문점 북쪽에서 벌어진 남한 병사에 의한 북한 병사 총기 난사 사건을 수사하는 과정의 이야기가 일종의 추리 기법으로 전개된다. 수사 담당자인 서술자-주인공은 한국-켈트 혼혈로 스위스 국적을 가진 중립국감독위 소속 소령이다. 주인공은 이 사건을 수사하는 과정에서 자신의 가족사와 한반도의 분단사 및 현 단계의 분단 상황을 포개어 놓는다.

주인공의 아버지 이연우는 지금은 비무장지대인 해안 분지

---

[*] 박상연, 『DMZ』, 민음사, 1997, 162쪽.

만대리에서 태어나 일제강점기에 소년 시절을 보내고 해방 직후 상경하여 이현상이 이끌던 조선 공산당에 입당한 다음 남로당에서 활동했다. 박헌영과 함께 월북한 아버지는 전쟁 때 인민군 소좌로 참전해 남하한다. 인천상륙작전으로 타격을 입어 패퇴하던 중 도솔산 가칠봉 전투에서 포로가 된다. "1953년 거제도 포로수용소에서 악명을 떨쳤던 공산 포로 애국대 행동 대장"(229쪽)이었던 아버지는 포로 심사에서 제3국을 선택해 인도로 갔다가 브라질로 간다. 거기서 이경수라는 새 이름으로 개명하여 리우데자네이루 부두 하역 노동자 생활을 하던 아버지는 브라질 주재 스위스 외신기자였던 인텔리 여성을 만나 결혼한다. 그러니까 남과 북에서 이연우로 살다가 제3국인 브라질에서는 이경수로 살았다는 것, 이연우의 죽음과 이경수로의 다시 태어남은 이 인물의 문제적 생존 방식을 곡진하게 환기한다. 어쨌든 그렇게 해서 한국과 스위스 켈트계의 혼혈인 주인공이 태어난다.

주인공의 문제적 복합성은 그의 여러 이름에서도 가늠해 볼 수 있다. 아버지가 지어준 이름은 한국식으로 이강민이고, 브라질에서는 에스또네라, 그리고 스위스 이름은 지그 베르사미다. 아버지는 이강민이기를 강요했지만 아들은 그 이름을 완강히 거부하고, 정녕 베르사미이기를, 최소한 에스또네라이기를 바란다. 아버지 이경수(이연우)는 아들에게 부정의 대상이다. 현실에 제대로 적응할 수 없었던 아버지는 종종 술을 마시고 가정폭력을 행사했기 때문이다. 어머니가 먼저 스위스로 떠났을 때, 어머니를 응원했던 것은 그런 까닭이다. 그러나 어머니는 아들과 함께 폭력 남편도 스위스로 초청한다. 오로지 자신만을 초청해주기를 바랐던 아들은 그 초청을 사양하지 않은 아버지를 못마땅하게 생각한다. 이렇게 부자관계의 불화를 가져온 가까운 원인은 아버지의 가정폭력이겠고, 먼 원인은 아버지를 그렇게 전락하도록 만든 한반도의 분단 상황 혹은 분단 이데올로기일 터이다. 아버지의 마지막 열망은 남한도 북한도 아닌 통일된 한반도로 귀향하는 일이었다. 이런 아버지를 이해할 수 없었던 주인공은, 남/북의 군인들이 이데올로기와는 상관없이 휴전선 이북 DMZ에서 몰래 만나 동포애를 나누다가 조건 반사처럼 총기를 난사하고 그것에 대한 자책감에 시달리다 자살하는 사건을 체험하면서 서서히 아버지를 이해하게 되고 또 자기 정체성을 깨닫게 된다.

한반도에서의 절망으로 인해 제3국으로 떠났으면서도 끝내 수구초심을 버릴 수 없었던 아버지, 그래서 자식에게 한국

인임과 한국어를 강조했던 아버지나, 그런 아버지를 이해하지 못하는 아들이나 비극적이기는 마찬가지다. 이에 베르사미의 아내 쿠비는 둘 다 피해자라며, 차라리 그 불행의 진원지인 극동에 가서 피하지 말고 많은 것을 느끼고 상처를 치유할 기회를 가지면 좋겠다고 권한다. 이에 아내 쿠비가 전해준 아버지의 '진군일기'를 가지고 판문점으로 부임한 주인공은 한편으로는 총기 사고를 낸 김수혁을 수사하고, 다른 한편으로는 아버지의 일기를 보거나 아버지의 고향 마을을 다녀온다. 물론 그는 시종 냉담한 이방인의 시선으로 그 모든 것을 진행하지만, 의도와는 달리 그 모든 것에 차츰 심리적으로 근접하게 된다. 그러면서 한반도의 분단 현실과 역사 그리고 그와 관련된 아버지의 궤적에 대한 나름의 이해 지평을 넓힌다. 이해 지평 속에서 죽이기의 대상이었던 아버지는 거듭 반추되면서 연민어린 되살리기의 대상으로 전환된다.

난 지금 남에도 북에도 있지 않았다. 이 벽돌 위의 폭 15센티미터 정도의 자그마한 면적은 어느 나라의 것일까? 그 벽돌 위에서 왼쪽으로 넘어지면 조선인민공화국, 오른쪽으로 넘어지면 대한민국…… 이 좁은 벽돌 위로 중심을 잡고 균형 있게 걸어보았다. 그러다 대한민국 쪽으로 내려왔다. 이 벽돌 위에 누군가 살 수 있다면 아버지는 브라질까지 오지 않아도 되었을 것 같다. 아버진 이런 곳을 원한 것이 아닌가. 남도 북도 아닌 곳…….(148쪽)

15센티미터 정도의 경계선 벽돌 위에서 분단 현실을 새삼 인식하고 나서 "아버진 이런 곳을 원한 것이 아닌가. 남도 북도 아닌 곳……"이라는 생각을 추스르는 아들은 이제 아버지를 아주 많이 이해한 상태가 된다. 그 경계선이 없었다면 아버지의 실존적 조건이 그토록 험하게 훼손되지 않았을 것이며, 제3국으로 간 이후의 삶도 그토록 힘겹지 않았을 것으로 추정한다. 이와 같이 아버지의 비극적 삶이 비롯된 지점에서 주인공은 아버지에 대한 심경의 변화를 일으킨다.

아버지에게 혁명과 통일이 무엇이었는지 몰라도, 최후의 이데올로기의 전장 끄트머리에 서서 나는 이 땅이 갈라져 있는 것이 결코 바람직하지 않음을 뼈저리게 느낄 수 있었다. 도대체 뭐하는 짓들인가? 같은 민족끼리, 형제끼리 총을 겨누게 하고 세상에서 유일하게 같은 언어를 소유한 집단끼리 한마디 말도,

몸짓도 금지당해 언어가 정지된 곳…… 언어는 존재다. 이곳엔 싸늘하고 낡은 이데올로기의 그림자 이외엔 존재하지 않는다. 어떻게 이런 장소가 존재할 수 있단 말인가? 정말 아버진 이런 자신의 조국을 견딜 수 없어서 인도를 택했을까? 내가 상관할 바는 아니지만 이 땅은 참 안스러워 보였다.(228쪽)

여기서 "내가 상관할 바는 아니지만 이 땅은 참 안스러워 보였다"는 복합적인 목소리로 구성된 것처럼 보인다. 이방인의 절제된 감정과 분단국 2세대의 연루된 감정이 병치된 가운데, "참 안스러워 보였다"의 지시대상이 "이 땅"에 한정되지 않고 "아버지"로도 대치될 수 있는 개연성을 보이기 때문이다. 그런 가운데 분단 상황의 현재와 과거, 이방인을 자처하는 아들과 비극적 정한의 과거사에서 헤어나기 어려운 아비가 가까스로 대화적 관계를 형성하게 된다. 이런 대화적 상상력은 분단 한국의 역사적 대화이기도 하며, 분단 상황에 대한 세계의 이해를 구하는 대화 요청이기도 하다.

포로수용소, DMZ, 스위스에서의 죽음, 죽음, 죽음들……

이런 대화 과정은 여러 죽음 체험과 포개어진다. 첫 번째 죽음 사건은 아버지 이연우가 친동생 이연철을 죽인 사건이다. 포로수용소에서 반공 포로가 된 동생을 만난 공산 포로 이연우는 동생의 목을 직접 베는 어처구니없는 만행을 저지른다. 정찰조에서 '미군이다'를 소리 치자 그는 미군에 대한 공포로 인해 "등골이 오싹하면서 모든 세포가 거꾸로 서는 느낌"에 사로잡힌다. 그때, 꿇어앉아 있던 동생 연철이 급히 일어났는데, 그것이 칼을 빼앗아 형을 공격하기 위해서였는지, 그냥 단순히 이야기를 하기 위해서였는지 확인할 겨를도 없이 칼을 뺀 것이다. "선피를 쏟으며 반 이상 잘려나간 연철의 목이 나에게로 떨구어지던 기억…… 그 연철이의 마지막 고개짓…… 나는 비명을 질렀지만 아무도 내 비명을 듣지 못했고 내 귀에도 그 비명은 들리지 않았다. 내가 무슨 짓을 했나……."(235쪽)

이런 기록을 남길 수밖에 없었던 이연우, 자기가 무슨 짓을 하고 있는지 의식할 겨를도 없이 저지른 엄청난 충격에 절망할 수밖에 없었던 좌절한 혁명전사 이연우를 작가 박상연은

이 소설에서 조작적 조건 형성의 가해자이자 피해자로 형상화한다. 자기 손으로 동생을 죽인 이 살인 행위야말로 이연우로 하여금 한반도에서 살 수 없게 한 심각한 원인이었는데, 그런 어처구니없는 일이 일어난 것은 물론 질곡의 분단 이데올로기 때문이다. 아버지가 동생을 죽인 사건은 1953년 포로수용소에서 벌어졌다.

그로부터 40여 년이 지난 1990년대 판문점 근처 비무장지대에서 또 다른 살인 사건이 발생한다. 비무장지대에서 몰래 만나 남과 북의 이데올로기를 넘어 동포애를 나누던 사이인 남한의 병사 김수혁이 북한 인민군 정우진을 쏴 죽이고 오경필에게 중상을 입히고 본인도 부상을 당하는 사건이 바로 그것이다. 김수혁이 수색 도중 홀로 낙오하여 지뢰를 밟았는데 인정 많은 북한군 오경필이 구해준 사건이 계기가 되어 이들은 금지된 동포의 만남을 이어 왔다. 사건 당일 비상 사이렌이 양쪽 모두에게 심리적 발작에 가까운 공포를 불러일으키는 상황 속에서 권총을 발사하는 사고를 일으킨 것이다.

세 번째 죽음은 김수혁의 자살이다. 주인공에게 사건 전반을 솔직하게 진술한 다음 그는 강중위의 권총을 나꿔채 스스로 자기를 단죄한다. 그의 자살은 충동적인 사건으로만 보이지 않는다. "사람을 죽인다는 건 사람인 내가 사람을 죽인다는 것, 즉 인간이라는 같은 종의 생물을 죽였다는 인간만이 할 수 있는 특수한 행위라는 점과 그냥 한 생명을 말살—죽였다는 건 감흥이 오지 않는다, 말살이라는 표현이 적절한 것 같다— 시켜 버렸다는 두 가지 면이 공존한다"(187쪽)는 성찰을 보이기도 했던 김수혁이었다. 그런데 자기가 왜 그런 행위를 했는가는 여전히 오리무중이다. 자신의 정상적인 의식으로는 그런 행위를 할 수 없다는 생각을 하고 있기에 자신의 손과 머리 사이에서 매우 혼란스러울 수밖에 없는 처지다.

이에 작가 박상연은 포로수용소에서의 이연철 살해 사건과 비무장지대에서의 정우진 살해 및 김수혁 자살 사건을, 공히 '조작적 조건 형성, 오퍼런트 컨디셔닝'의 문제로 접근한다. 분단 환경이 변함없이 지속되어 왔기에, 그 비극적 삶의 생태는 좀처럼 개선되지 못했다는 우울한 진단이기도 하다. 초동 수사 단계에서 김성식의 동료 남성식은 "지난 50여 년 동안 치밀하게 짜여진 각본"을 지목했고, 김수혁은 자기 "삶 전체가 이 사건의 동기"가 되었다고 말한다. "악마는 북이 아니라 휴전선 DMZ에 살고 있었어요. 두 개의 힘이 만나는 곳에서 악마가 탄생"(186쪽)한다고 말하는 김수혁의 24년간의 삶의 이야기가 입증하는 것처럼, 반공 이데올로기에 의해 철저하게 길들여진 의식과 삶, 그리고 무엇보다 그 경계선을 조작하는 분단사회의 환경이 이 사건의 범인이라고 둘러대도 좋을 정도로 조작적 조건의 의미는 강조된다. 이는 시간을 거슬러 올라가 주인공의 아버지 이연우의 사건과 포개어진다. 그리고 "1953년 거제도 포로수용소에서 악명을 떨쳤던 공산 포로 애국대 행동 대장 이연우는 지금 스위스에서 싸늘한 시체가 되어 있는 것이다."(229쪽). 이연우는 끝내 그의 소망을 이루지 못한 채 이역만리에서 생을 마감한다.

그러니까 유령처럼 작동하는 조작적 조건 형성이 문제라는 것, 그런 분단 환경 때문에 '그렇게 될' 수밖에 없었다는 것, 이런 비판적 의식을 구성적으로 형상화해 놓은 것이 소설 『DMZ』의 문제성이다. 이를 중심으로 한반도의 분단사와 그 비극성의 한 단면을 묘파하고자 한 것이 이 소설의 중심적 의미망이다. 특히 이 소설에서 집중적으로 탐문한 오퍼런트 컨디셔닝 테마는 세계 체제나 국가 이데올로기에 의해 피치 못하게 발생한 반생명적인 비극을 인상적으로 강조하는 데 효과적이다. 소설에서 '조작적 조건 형성'의 피해자들은 모두 비극적인 최후를 맞이했다. 특히 이연우는 죽어서도 그가 원하던 고국으로 돌아올 수 없었다. 그가 진정으로 원하던 곳, 즉 '남도 북도 아닌 곳'이 아직 마련되지 않았기 때문이다. 모두 경계선의 고정을 강조하는 영토화된 이데올로기, 혹은 그것이 형성해 놓은 조작적 조건에 의한 희생양의 형식이라 할 만하다. 이러한 비극적 죽음 사건은 인위적 경계나 조작적 조건 형성이 아니었다면, 다시 말해 진정한 생명의 자유로운 약동이 자연스럽게 펼쳐지는 '푸른 광장'에서였다면, 일어나지 않았을지 모른다. 이명준/이연우가 제3국으로 떠나는 배 안에서 소망했던 '제3의 길'에 대한 기대가 충족된 상황이었다면, 그로부터 한 세대 후에 DMZ에서 김수혁의 살인과 자살 사건을 일어나지 않았을 것이라는 말이다. 또 이명준/이연우는 수구초심으로 한반도로 귀환했을 터이다. 그런데 유감스럽게도 그러지 못했다. 그만큼 분단의 비극적 골짜기는 깊고 험했다. 또 그만큼 혼돈스러웠기에 아노미적 죽음 사건 또한 적잖이 이어졌다. 문제는 여전히 제3의 길이다.

04

오렌지 껍데기의 비애와 '난장이'의 죽음

—자본세 시대의 죽음의 상상력과 불안

우찬제

월부인생과 오렌지 껍질의 비애: 아서 밀러의 『세일즈맨의 죽음』

1950년대 할리우드를 열광케 했던 영화배우 마릴린 먼로 (Marilyn Monroe, 1926~1962)는 미국 대중문화의 상징적 전설로 남아 있다. 타임지가 선정한 '20세기 가장 영향력 있는 100인'에 들었고, 스미소니언 선정 '미국 역사상 가장 중요한 인물'에 오르기도 했다. 어떤 이는 섹시 심벌의 대명사로서 먼로에 열광하고, 어떤 이는 관능과 지성을 겸비했던 인물로 추앙한다. 영화평론가 유지나는 마릴린 먼로가 "정치적 자유를 갈망하고, 사회적 약자를 옹호하는 진보적 이데올로기를 추종했던 배우", "인민주의를 이상으로 삼아 인민(people)이라는 말을 좋아했던 배우"였음을 간과해서는 안 된다고 강조한다. 특히 "자신의 신체적인 매력을 전략적으로 남성 판타지 속에 투사하며 가부장적 할리우드 시스템 속에서 생존을 시도한 고독한 파워 페미니스트로서의 잠재적 가능성을 지닌 여성"이었으며, "연기를 통해 자기 혁신을 꾀한, 자아 실현의 의지를 갖춘 철학적 시인 같은 지성적 배우"로 먼로를 주목한다.[*]

이런 마릴린 먼로에 대해, 그녀는 외모뿐만 아니라 내면도 아름다운 사람이었다고, 거리에 운집하여 자기 옷을 잡아당기는 사람들에게 시 한 편이라도 낭송해주고 싶어 했던 시인이었다고 말하는 남성이 있었다. 그녀의 여리고 따스한 마음까지 알아주었던 유일한 남자로 거론되기도 하는 그는, 바로 극작가 아서 밀러(Arther Miller, 1915~2005)이다. 1956년 7월 1일 그녀와 결혼하여 5년 동안 함께했던 밀러는, 마릴린 먼로를 위하여 시나리오 「야생마와 여인」(1961)을 쓰기도 했고, 그녀와의 생활을 포함한 자전적 드라마 「전락 이후」(1964)를 집필하기도 했다. 비극작가란 '삶에의 바른 길'에 대한 믿음이 있어야 된다고 지적한 밀러는 초기부터 미국 사회의 구조적 병폐와 도덕적 약점에 대한 남다른 통찰을 보여주었다. 사회극작가였고 도덕가였던 그는 한 개인의 비극과 불행이 사회적 구

---

[*] 유지나, 「남성 판타지가 죽인 마릴린이란 꽃에 대하여」, 칼 롤리슨 지음, 『세상을 유혹한 여자 마릴린 먼로』, 이지선 옮김, 예담, 2003, 7쪽.

조와 관련이 있다고 생각하면서 궁극적으로는 인간의 존엄성과 인간 승리에의 가능성을 모색하고자 했다. 그의 드라마가 대부분 '인간 존엄성에 관한 극'이라 평가받는 것은 이 때문이다. 밀러에게 1949년 퓰리처상의 영예를 가져다 준 『세일즈맨의 죽음(Death of a Salesman)』도 그런 드라마다.

막이 오르면 곧 허물어질 것 같은 낡은 집이 무대 위에 전경화된다. 거대한 위용을 뽐내는 콘크리트 아파트 숲속에 둘러싸여 짓눌린 듯이 낡은, 시대에 뒤떨어진 이 집의 주인은 세일즈맨 윌리 로만이다. 이런 집으로 그는 아주 무거운 가방을 들고 돌아온다. 두 팔에 떨어질 듯 안겨 있는 그의 무거운 가방은 사뭇 위태로워 보인다. 무거운 가방 주인의 축 처진 두 어깨 사이로 경쟁적 삶에 찌들고 지친 피로감이 역력히 배어난다. 온몸은 금세라도 무너져 내릴 것처럼 해파리 모양 흐느적거린다.

윌리의 이름은 로만(Loman)이다. 'Low + man'으로 읽힐 수 있듯, 낮은 사람이라는 뉘앙스를 풍긴다. 이런 이름이 이미 암시해주듯 그는 '욕망하는 기계'인 자본주의 경제 체제의 비인간적 힘에 마모되어 가는 부속품, 즉 무기력한 하층민의 전형이다. 63세의 늙은 외판원인 그는 36년간 회사를 위해서 일했다. 일찍이 그는 부지런히 일해서 타인들로부터 호감과 인정을 받으면 머잖아 세일즈맨으로서 성공하는 것은 물론 전국적인 네트워크를 갖춘 비즈니스맨으로도 도약할 수 있으리라는 확신과 희망을 품었던 인물이다. 모든 국민은 자유와 행복을 추구할 권리가 있으며, 또한 무한한 가능성이 있는 나라가 바로 미국이라고 생각했던 이가 바로 윌리였다. 그에게는 가정적이고 착한 아내와 믿음직한 두 아들이 있었다. 월부로 집 한 채도 마련했다. 월부금이 곧 끝나게 되고, 그러면 그 집은 온전히 자기 몫이 될 터였다. 그는 희망이 있다고 믿었다. 그가 희망에 부풀어 있을 때 그의 가정은 밝은 웃음꽃을 피울 수 있었다.

　하지만 윌리 로만의 꿈은 욕망하는 기계가 작동하는 현실의 풍파에 시달리면서 점점 사위어 가는 희미한 불꽃이었다. 성취도에 따라 성과급으로 받는 세일즈맨이었기 때문에 나이가 들어감에 따라 수입은 점차 감소되고, 그만큼 희망도 줄어들었다. 월부 판매를 주로 해 왔던 그의 인생은 한마디로 '월부 인생'이었다. 하루 열 시간에서 열두 시간 이상 무거운 가방을 들고 이리저리 뛰어다니며 일하여 주당 70달러를 받지만, 그가 지불해야 할 월부금이나 수리비는 120달러에 달했다. 자동차든, 냉장고든, 첫 월부금을 내는 순간부터 마모되기 시작하여 완납할 무렵에는 이미 폐품이 돼 버리기 일쑤였다. 그러면 다시 새 제품을 월부로 들여놓는 수밖에……. 한마디로 월부의 악순환이라고나 할까.

그래서 윌리는 삶 자체를 '폐품 저장소와의 경주'라고 말하기도 한다. 자동차 같은 월부 품목만이 폐품으로 전락하는 게 아니었다. 바로 그의 인생 자체도 폐품으로 전락하고 있었다. 회사로부터 전격적인 해고 통보가 바로 그것이다. 월부 인생으로 온몸이 노쇠해진 터라 세일즈 가방은 그에게 너무나도 무겁고 버겁게 느껴졌다. 고민하다 윌리는 회사에 내근을 신청한다. 36년 동안 회사를 위해 일한 자기의 부탁이니 받아들여지려니 믿었다. 하지만 아니었다. 사장 하워드가 그를 가차없이 해고해 버린 것이다. '비즈니스는 비즈니스'일 뿐이라는 '욕망하는 기계'의 절대 명제 앞에 인간적인 정리나 유대는 제대로 설 자리를 찾지 못한다. 기업주의 비인간적인 처사에 대한 다음 항변도 거의 무기력한 넋두리처럼 들릴 뿐이다. "오렌지 속만 까먹고 껍데기는 내다 버리실 참입니까. 사람은 과일 나부랭이가 아니지 않습니까!"*

---

* 아서 밀러, 『세일즈맨의 죽음』, 강유나 옮김, 민음사, 2009, 97쪽.

'오렌지 속'이 돈이 되지 '껍데기'는 돈이 될 수 없다는 비정한 경제 논리에 의해 그는 무참히 버려진다. 내던져진, 폐기된 빈 껍데기 신세가 된다. 간절했던 미국인의 꿈이 좌절되는 순간이다. 미국인으로서 당당하게 아메리칸드림을 추구하고 실현할 수 있다고 믿으며 부지런히 일했던 그의 희망이 거의 소실되는 지점이다. 게다가 희망을 걸었던 두 아들의 벌이도 시원치가 않다. 배신감·비애·울분·피로·절망감 따위로 늙은 육체는 더 이상 헤어나기 힘든 회한과 광기의 소용돌이에 휩싸이게 된다. 오렌지의 속이 단단하고 꽉 차 있었고 또 희망이 있었던 지난 시절이 있었다. 그것은 잠시의 환상이었을까. 하지만 희망과 행복의 조짐만은 분명하지 않았던가. 그러나 지금은 최악이다. 희망적이었던 과거와 절망적인 현재 사이의 처지가 겹치면서 자기 인생의 촛불이 서서히 사그라들고 있음을 절망적으로 감지한다.

절망감 속에서 그는 한밤중에 마지막 힘을 모아 액셀을 밟는다. 계기판의 속도계가 흔들거리며 과속으로 치닫는다. 자신의 보험금이 자식들의 사업 자금이 될 수 있기를 마지막 순간에 짧게 그러나 간절히 희망했다. 그리고 그는 속도계가 어디쯤 올라 있는지를 가늠할 수 없는 상태가 되었다. 결국 자동차 사고를 가장한 자살로 그의 '월부 인생'을 마감한 것이다. '속' 빠진 '껍데기'로 돈을 만들고자 하는 마지막 기도였지만, 그 또한 실패로 끝난다. 그의 죽음에 따른 보험금은 고작 집의 마지막 월부금을 충당할 수 있을 정도밖에 되지 않았다. 25년 간 주택 융자 할부금이 마침내 끝났는데, 그 집에서 살아갈 사람이 없어진 것이다.

이런 월부 인생의 종말은 아주 고약한 아이러니다. "난 싸구려 인생이 아냐!" 그렇게 호소하고 희망했지만, 그래서 열심히 일했지만 "결국 쓰레기통으로 들어가는 세일즈맨일 뿐"(161쪽)이었다. 인간 개개인의 욕망과 자본주의라는 '욕망하는 기계' 사이의 아이러니, 그 영원한 부조화! 불일치! 바로 여기서 현대 자본주의 경제의 비극적 신화가 탄생하는 것일까? 아서 밀러의 『세일즈맨의 죽음』은 윌리 로만의 죽음을 애도하는 장송곡으로 막을 내린다.

그러나 윌리 이후에도 마릴린 먼로가 그토록 옹호하고자 했던 '낮은 사람'들의 고난과 죽음이 얼마나 많이 이어지고 있는지, 우리는 제대로 성찰할 필요가 있다. 그런 시린 사정 때문인지 아직 여러 곳에서, 『세일즈맨의 죽음』이 계속 공연된다. 혹시 골목길을 걷다가 오렌지 껍질이 버려져 있더라도 함부로 발로 차지 말 일이다. 거기에 윌리 로만의 슬픈 영혼이 남아 있을지도 모르기 때문이다. 무한 경쟁 그 이후, 혹은 오렌지 속을 비울 수밖에 없었던 껍질의 사정과 관련해, 아서 밀러의 비극은 많은 생각거리를 던져준다. "자본의 끝없는 축적을 특별히 우선시하는 관계들로 형성된 역사적 시대인"* '자본세' (capitalocene) 시대의 비애와 우울을 생각하게 한다.

빚진 죄, 그 원인적 과실과 죽음: 카프카의 「변신」

아서 밀러가 그린 윌리 로만의 운명은 예외적인가? 그렇지 않다. 자본세 시대에 그런 '낮은 사람'들의 우수와 죽음은 그 사례가 안타깝게도 너무나 많다. 카프카(Franz Kafka, 1883~1924)의 「변신」(Die Verwandlung, 1916)의 주인공 그레고르 잠자도 그런 유형이다. 월부 인생에 시달려야 했던 윌리처럼 그레고르 역시 아버지가 진 빚더미로 인해 고통받다가 벌레로 변신하여 비극적으로 죽어 간다. 빚진 자의 운명적 소외와 환멸적 우수의 풍경이 우리에게 많은 생각거리를 제공한다.

---

* 제이슨 W. 무어, 『생명의 그물 속 자본주의』, 김효진 옮김, 갈무리, 2021, 279쪽.

"어느 날 아침 그레고르 잠자가 불안한 꿈에서 깨어났을 때, 그는 자신이 침대 속에 한 마리의 커다란 해충으로 변해 있는 것을 발견하였다."[*]라는 문장으로 시작되는 「변신」에서 주인공 그레고르 잠자가 벌레로 변한 것은 숙명적 굴레와도 같은 성격의 빚 때문이었다. 빚(부채)을 뜻하는 독일어의 '슐트(Schult)'는 그 두 번째 어의로 '죄' 또는 '원인적 과실'이란 의미가 있다. 여러 생각거리를 제공하는 대목이다. 사회경제적 의미에서의 빚이 도덕적·종교적 차원에서의 죄 혹은 원인적 과실을 함축한다는 독일어권 사람들의 생각에서 퍽 의미심장한 삶의 문제를 발견하게 되기 때문이다.

그레고르가 빚에 시달릴 수밖에 없었던 것은 5년 전 아버지의 사업 실패 때문이다. 파산한 아버지는 그레고르가 일하는 가게 주인에게 빚을 짊어졌다. 이에 그레고르는 빚도 갚아야 하고 또 가족의 생계도 꾸려야 하는 처지여서 열심히 의류 외판원으로 일한다. 상과대학을 나와 군대 생활을 마친 그레고르는 성실한 세일즈맨으로 일하면서 머잖아 빚을 다 갚을 수 있을 것이며, 또 음악에 소질이 있는 누이동생 그레테를 음악

---

[*] 프란츠 카프카, 『변신』, 이주동 옮김, 솔, 1997, 109쪽.

학교에 보내줄 생각까지 하면서 나름의 희망을 일구며 살아간다. 특히 크리스마스이브 때 동생을 음악학교에 보내겠다는 말을 하면 누이는 물론 모든 가족이 기뻐할 것을 생각하며 고단함도 잊은 채 외판 일에 매진하는 아주 건실한 청년이었다.

그런데 그런 그에게 어느 날 아침 갑자기 날벼락이 떨어진 것이다. 누구는 어느 날 아침 일어나 보니 자신도 모르는 사이에 유명해졌다고 하지만, 그레고르는 전혀 반대의 처지가 된 셈이다. 물론 그가 어떻게, 왜 벌레로 변했는가 하는 데 대한 충분한 동기 부여가 되어 있지는 않지만, 서구적 변신 논리에 입각한 이 느닷없는 변신 상황은, 우리를 돌연 긴장케 한다. 여느 때와 마찬가지로 이른 아침의 기차를 타야 한다고 생각하여 급한 마음에 몸을 움직여 보지만 뜻대로 되지 않는다. 많이 달린 발들은 제멋대로 움직일 뿐이었다.

일곱 시가 지나도 출근하지 않은 그를 데리러 가게에서 지배인이 찾아온다. 부모님께 지배인은 왜 무단결근을 하느냐고 따진다. 자신의 처지와는 아랑곳없이 밖에서 벌어지는 이 같은 사태로 인해 그는 매우 비감해진다. 지금까지 그토록 성실하게 일해 왔건만 단 하루 출근을 늦게 한다고 이렇게 난리 치는 것이 여간 섭섭하지 않았던 것이다. 그레고르는 지배인에

게 뭐라도 변명하려 말을 해보지만, 벌레의 웅얼거리는 소리
뿐 전달될리 만무하다. 이어 지배인은 벌레로 변한 흉측한 모
습을 보고 놀라 달아난다. 어머니는 기절하고 아버지 역시 혼
비백산하여 그를 방안으로 몰아부친다. 이 과정에서 그는 다
치게 되고 피를 보기도 한다. 이렇게 하여 그레고르는 벌레로
살아가게 된다. 그 자신이 그토록 끔찍이 사랑하던 누이동생
은 처음에는 음식을 가져다 주지만, 이내 진짜 벌레들이나 먹
음직한 쓰레기 같은 음식만을 억지로 제공한다. 이 과정에서
화난 아버지가 던진 사과에 맞아 큰 상처를 입게 된 그레고르
는 점점 더 쇠약해져 간다. 시간이 지날수록 가족들은 자신을
아들 또는 오빠로 대하기보다는 한갓 벌레로 대한다. 벌레 그
레고르는 가족과 단절된 상태에서 소외된 감금 생활을 하게
된다. 이런 상태에서 자신의 지난 생활과 가족에 대한 애정, 그
리고 돈에 대한 절박했던 심정을 차분하게 토로하는 대목은
우리들 가슴을 울리고도 남는다.

　　당시 그레고르의 걱정은 온 식구를 최악의 절망에 빠뜨린 그
　　사업 실패에 대해 식구들로 하여금 되도록 빨리 잊게 만드는 데
　　전력을 다하는 것이었다. 그래서 그는 당시 최대의 열성으로 일

하기 시작했고, 거의 하룻밤 사이에 말단 사원에서 외무 사원이 되었다. 외무 사원은 돈벌이에서 물론 전보다 훨씬 더 많은 기회가 있었는데, 일의 성공이 즉시 중개비조로 현금이 되었다. 그가 집에서 그 돈을 식탁 위에 올려놓으면 식구들은 놀라서 기뻐했었다. 정말 좋은 시절이었다. 나중에도 그레고르는 온 식구의 생활비를 감당할 수 있을 정도로, 또 실제로 감당했던 정도로 돈을 많이 벌어들였지만, 그런 시절이 적어도 그렇게 화려하게는 되풀이되지 않았다. 식구들이나 그레고르나 그것에 습관이 되고 만 것이었다. 식구들은 고맙게 돈을 받고 그는 기꺼이 돈을 대주었지만, 거기에 특별한 온정 같은 것은 두 번 다시 없었다. (134~135쪽)

그레고르에게 있어 돈은 전적으로 가족을 위한 돈이었다. 그 원인은 아버지에게 있었지만, 아버지를 원망하는 법 없이 그 원인적 과실로서의 빚을 갚고자 노력했던 그였다. 그가 돈을 벌어 왔을 때, 가족들은 좋아했지만, 그러나 그가 돈을 벌어오지 못하는 벌레가 되어 있는 현재 가족들은 그를 멀리한다. 그러니 이 얼마나 슬픈 회상인가. 어찌 기쁜 마음이 생길 수 있겠는가. 게다가 아버지는 자신을 향해 사과까지 던져 큰 상처를 입히지 않았던가. 더욱이 5년 전 파산 당시 아버지는 무일푼 신세였던 게 아니라 많지는 않지만 어느 정도의 돈을 가지고 있었다는 사실을 알게 되면서 벌레 그레고르는 더욱 슬픈 마음이 든다. 그 "남은 돈으로 사장에 대한 아버지 빚을 보다 많이 갚아버릴 수 있었을 것이고, 그리하여 직장에서 벗어날 날도 보다 가까워질 수 있었을"(136쪽) 터인데, 아버지는 온통 자기에게만 무거운 짐을 지운 채 나 몰라라 했기 때문이다. 그럼에도 불구하고, 그는 어쨌건 지금 상태로 보아서는 아버지의 처사가 잘한 것이라고 생각하기로 한다.

그레고르가 벌레로 변신한 이후 이 집안에는 여러 가지 변화가 생긴다. 식모가 집을 나가고, 일하지 않던 아버지는 어느 은행에 급사로 나가고, 어머니는 삯바느질 부업을 시작했으며, 누이동생은 점원이 되었으나 더 좋은 일자리를 얻기 위해 밤마다 속기술과 프랑스어를 공부한다. 예전의 희망과 행복은 다 사라지고 온통 생존을 위한 싸움을 벌이는 형국이다. 게다가 어려운 살림에 보태겠다고 방 하나를 비워 세 사람의 하숙인을 들이기도 한다. 까다로운 하숙인들 때문에 집안의 잡동사니들은 모조리 그레고르의 방에 처박히게 되어 마치 쓰레기 적치장처럼 되고 만다. 그러던 어느 날 벌레가 된 그레고르의 존재가 그 하숙인들의 눈에 띄게 되어, 그들마저 하숙비도 내지 않은 채 집을 나가고 만다. 일이 이 지경이 되고 보니 아버지는 물론 누이동생까지 그레고르를 철저하게 경원시한다. 그런 가운데 그레고르는 빈사 상태로 세상을 등지고 만다.

벌레 그레고르가 죽자 아버지는 이젠 지난 일을 생각하지 말자며, 전차를 타고 교외로 가족 여행을 떠난다. 소설은 "전차가 목적지에 도착해서 딸이 맨 먼저 일어나 젊은 육체를 쭉 펴자, 그것이 그들에게는 마치 새로운 꿈과 훌륭한 계획에 대한 확신처럼 생각되었다."(168쪽)는 문장으로 끝난다.

결국 카프카의 「변신」에서 주인공 그레고르 잠자는 자본주의 경제의 희생양에 불과하다. 돈을 벌 수 있을 때 그는 가게에서는 믿음직한 세일즈맨이었고, 가정에서는 사랑받는 아들이요 오빠였다. 하지만 돈을 벌지 못하고 벌레가 된 그는 철저한 소외자이며, 해충에 불과할 따름이다. 더 이상 가족의 일원일 수도 없었으며, 특히 아버지의 가학적 공격성의 대상이 되기도 한다. 변신 전후에 보이는 이 같은 가족 구성원 간의 부조리한 행위, 자식에 대한 아버지의 횡포, 소외 등의 밑바탕에 돈의 문제가 깔려 있다는 사실은 더 이상 놀랄 일이 아니다. 아들과 오빠를 사랑한 것이 아니라 돈을 사랑했던 것처럼 보이기도 하는 이 어처구니없는 실존적 상황, 하나의 인격체가 아닌 단지 돈벌이 수단으로서만 세일즈맨을 치부한 비인간적인 고용주의 태도, 욕망하는 기계인 자본주의의 거침없는 톱니바퀴······. 이 정도라면 사람의 상황이라기보다는 벌레의 상황이라고 보아야 하는 게 아닐까.

산업화 시대의 불안과 죽음: 조세희의 『난장이가 쏘아올린 작은 공』

그리고 조세희(1942~2022)가 한국 산업화 시대의 비극적 표상으로 쏘아올린 '난장이'가 있다. "나는 벌레야."* 그는 자살하기 전 죽기로 결심했다는 사실을 큰아들 영수에게 담담하게 전하면서 그렇게 말했다. 죽기로 했다는 아버지 말에 아들 영수가 그 이유를 따지듯 묻자 '난장이'는 답한다. "너희 삼남매하구 너희 엄마 때문야. 그리구 저 집 때문이다." 이에 아들은 "아버지가 돌아가신다고 해결될 일이 있어요?"라고 되묻는데,

---

* 조세희, 「클라인씨의 병」, 『난장이가 쏘아올린 작은 공』, 이성과 힘, 2000, 252쪽.(『난장이가 쏘아올린 작은 공』 연작 12편은 1975~1978년까지 여러 문예지에 연재되었고, 1978년에 문학과지성사에서 단행본으로 출간되었다. 그러다가 2000년에 출판사 '이성과 힘'으로 옮겨 재출간되었다. 여기서는 이 '이성과 힘' 판본을 대상으로 삼았다.)

"너희들 짐이 되기 싫어."(251쪽)라고 답하는 '난장이'의 말이 우리를 슬프게 한다. 왜? 도대체 어째서 '난장이'는 가족들에게 '짐'만 되는 '벌레'라고 생각하게 된 것일까? 그런 생각 끝에 죽어 갈 수밖에 없었던 것일까?

작가 조세희는 『난장이가 쏘아올린 작은 공』 연작 이후 쓴 「환경 파괴」라는 텍스트에서 연작의 주 인물에 대해 주석적으로 진술한 바 있다. "내 주인공의 키는 1백 17센티미터, 몸무게는 32킬로그램이다. 그의 이름은 김불이이다. 노비였던 증조부가 남긴 이름으로 바로 읽자면 '금뿌리'가 된다."[*] 「난장이가 쏘아올린 작은 공」에는 난장이의 큰아들 영수가 공장에서 조판한 노비 문서가 소개된다. "婢 金伊德의 한 소생 奴 今同 庚寅生, 奴 今同의 양처 소생 奴 金今伊 丁卯生, 奴 今同의 양처 소생 奴 德水 己巳生, 奴 今同의 양처 소생 奴 存世 幸未生, 奴 今同의 양처 소생 奴 永石 癸酉生, 奴 金今伊의 양처 소생 奴 鐵壽 丙戌生, 奴 金今伊의 양처 소생 奴 今山 戌子生."[**] 이렇게 노비의 계보가 끝없이 나열되는 문서다. 이 문서를 조판한 영

---

[*]   조세희, 「환경 파괴」, 『난장이 마을의 유리병정』, 동서문화사, 1979, 210쪽.
[**]   조세희, 「난장이가 쏘아올린 작은 공」, 『난장이가 쏘아올린 작은 공』, 87쪽.

수는 아버지, 어머니와 아무 말도 하지 않았다고 했다. 남의 얘기가 아니었기 때문이다. 영수는 그 문서를 통해 부모의 조상들이 겪었던 역경과 간난의 궤적을 그리며 "나는 어머니의 어머니, 어머니의 할머니, 할머니의 어머니, 그 어머니의 할머니들이 최하층의 천인으로서 무슨 일을 해 왔는지 알고 있었다. 어머니라고 달라진 것은 없었다. 마음 편할 날 없고, 몸으로 치러야 하는 노역은 같았다. 우리의 조상은 세습하여 신역을 바쳤다. 우리의 조상은 상속·매매·기증·공출의 대상이었다."고 생각한다. 영수에게 어머니는 "너희들은 엄마를 잘못 두어 이 고생이다. 아버지하고는 상관이 없다"고 잘라 말했지만, 영수는 이미 "아버지도 씨종의 자식"(87쪽)이었음을 잘 알고 있는 터였다. 이런 맥락을 더 심화하고 확대하여 쓴 장편이 바로 『하얀 저고리』라고 할 수 있겠거니와, 병자호란 이후를 배경으로 한 이 소설과는 달리 신분의 구분이 엄연했던 노비제는 사라졌지만, 자본주의 상황에서 노동자, 더욱이 장애가 있는 노동자의 처지는 매우 엄혹하고 척박할 수밖에 없었다.

그런 난장이네 상황에 대한 작가의 주석적 진술을 더 참조해 보자. "난장이네 식구들이 둘러앉는 밥상을 그리자면 검정을 써야 할 것이다. 노랑을 쓸 수가 없다. 노랑은 행복을 나타내고, 검정은 고통과 통할 것 같다. 나의 주인공도 갈색으로 칠해서는 안 된다. 갈색은 나에게 강한 인상을 준다. 난장이네 식구들이 대하는 밥상에 '풍요'는 없고, 소리가 있다면 가냘픈 음악, 또는 기침 소리뿐이다."* 검정 색으로 칠할 수밖에 없는 난장이네 밥상에는 고작 "보리를 섞은 밥, 시래기를 넣어 끓인 된장국, 새우젓, 양념이 덜 된 짠 김치"가 오르는데, 세 자녀가 공장에 나가 일을 해도 개선될 기미가 보이지 않는다. "저임금 때문이다. 난장이의 아들딸이 한 시간에 1백원을 벌 때 일본의 근로자는 6백 98원, 서독의 근로자는 8백 56원, 미국의 근로자는 1천 43원, 노르웨이의 근로자는 1천 87원을 번다."(211쪽). 이런 진술에서 분명하듯, 조세희가 그린 '난장이'는 1970년대 한국 사회와 경제의 생산과 소비 및 분배 구조에서 억압받고 소외받는 계층을 표상하는 전형적 인물에 해당한다.** 노비의 후손인 난장이네 가족이 산업화 사대의 노동자로서 어떤 생존을 해야 했던가를 작가는 다양한 방식으로 형상화한다. 어쩌

---

* 조세희,「환경 파괴」,『난장이 마을의 유리병정』, 210쪽.
** 졸고,「분노와 사랑의 뫼비우스 환상곡, 혹은 분배의 경제시학」,『욕망의 시학』, 문학과지성사, 1993, 200쪽.

면 사회경제적 현실이라는 초자아의 위험에 포획된 '난장이'는 확실히 '유리병정' 같은 존재였는지도 모른다. 『난장이가 쏘아 올린 작은 공』의 후속편인 「난장이 마을의 유리병정」에서 딸 영희는 아버지가 '유리병정'이었다고 은유한다.

> 그렇지만 행복동에서 우리를 지키기 위해 싸운 병사가 아버지였다는 생각 오빠는 안 들어? 아버지는 작고 투명한 유리병정이었어. 누구나 아버지 속을 환히 들여다볼 수 있었지. 약한 아버지는 무엇 하나 숨길 수도 없었어. 하루하루의 싸움에서 유리병정은 후퇴만 했어. 어느 날, 더 이상 후퇴해 디딜 땅이 없다는 걸 작고 투명한 유리병정은 알았어. 유리병정은 쓰러지고 깨어져 피를 흘렸어. 그렇게 작고 그렇게 투명한 몸 어디에 그것이 있었을까. 큰오빠도 아버지와 같은 유리병정이었어.[*]

'난장이'와 그의 큰아들 영수를 '유리병정'으로 비유한 것은 여러 생각거리를 제공한다. 영희는 "작고 투명한 유리병정"이라고 했다. "무엇 하나 숨길 수도 없"다고 했다. 그러니까 이 유

---

[*] 조세희, 「난장이 마을의 유리병정」, 『시간여행』, 문학과지성사, 1983, 130쪽.

리병정은 작고, 약하고, 투명하고, 숨길 수 없고, 깨어져 피 흘리기 쉬운 존재이다. 필경 그 반대쪽에는 크고, 강하고, 불투명하고, 숨길 수 있고, 파괴하고 피 흘리게 하는 '거인'이 자리할 터이다. 이 거인이란 대타자의 억압적 응시를 피할 수 없는 '난장이'의 시선은 무력하기만 하고, 시선과 응시의 상호 교환은 평화롭게 이루어질 수 없게 된다. 대립의 축도가 지나치게 완강하기 때문이다. 이와 같은 시선과 응시의 불균등 교환이 또한 '난장이'네를 불안하게 한다. 무엇보다도 대타자/거인의 억압적 응시에 속절없는 사정이 근원적 불안감에 빠지게 한다. 만약 「은강 노동 가족의 생계비」에 제시된 '난장이'들만이 모여 사는 릴리푸트읍에서라면 그렇지 않았을 것이다. 차이나 차별이 없는 동질성의 세계에서라면, 시선과 응시가 자유롭고 허심탄회하게 교호될 수 있는 세계에서라면, '난장이'도 그토록 불안해하지 않아도 좋았을 것이다. 그러나 거인과의 차이가 너무나도 큰 세계에서 '난장이'는 불안하고 불행할 수밖에 없었다. 그러니까, 리쾨르에 기대어 말하자면, 이 연작에서 '난장이'나 '유리병정'의 은유는 산업사회 초기 노동자 계급의 현실과 생태의 본질을 상상력을 통해 통찰하고 그에 따라 세계를 재구성해낸 뛰어난 비유에 속한다.*

이렇게 '유리병정'과도 같았던 '난장이'는 산업사회의 증후(症候)가 본격화되던 당시에 자신의 경제적 토대와 세계의 타락상으로 인해 철저하게 소외된 삶을 살다가 죽어갈 수밖에 없었던 인물이다. 그 같은 사회경제적 조건을 작가가 '난장이'라는 신체적 불구성에 빗대어 상징적으로 형상화한 것이다. '난장이'는 "사랑으로 일하고 사랑으로 자식을 키"**우는 그런 세상을 꿈꾸었다. 그토록 순정한 영혼을 지닌 인물이었다. 그러나 경제적 약자로서 그가 꿈꾼 사랑의 세계는 현실 그 어디에도 없었다. 그래서 그는 "벽돌 공장 굴뚝 위에 올라가 종이 비행기"***를 날리는 대리 행위를 할 수밖에 없었다. 달나라로의 이계(異界)여행만을 꿈꿀 수밖에 별다른 도리가 없었다. 그러다 '난장이'는 자신이 사랑의 삶을 희원하던 바로 그 장소(공장 굴뚝)에서 투신자살하고 만다. 이 장의 서두에서 밝힌 것처럼 아내와 자식들에게 '짐'만 될 뿐인 '벌레' 같은 존재라는 비극적

---

* 졸저, 『불안의 수사학』, 소명출판, 2012, 163쪽.

** 조세희, 「잘못은 신에게도 있다」, 『난장이가 쏘아올린 작은 공』, 213쪽.

*** 조세희, 「우주 여행」, 『난장이가 쏘아올린 작은 공』, 67쪽.

인식, 그런 난장이의 마음의 풍경을 우리는 헤아려야 한다. 그리고 "채권 매매·칼 갈기·고층 건물 유리 닦기·펌프 설치·수도 고치기" 등 고된 노동으로 겨우 마련한 집이 강제적으로 헐리게 되면서 그가 거주하던 '낙원구 행복동'에서 현실적인 낙원도 희망도 발견할 수 없을 뿐만 아니라 삶의 동력을 마련할 수 없었던 사정도 숙고의 대상이다. 속절없는 아이러니가 아닐 수 없다.

요컨대 조세희의 '난장이'는 신체적, 신분적, 경제적 특징을 복합적으로 함축한다. 「난장이 마을의 유리병정」에서 딸이 분명하게 지적했던 것처럼, 현실에서 "쓰러지고 깨어져 피를 흘"리지 않을 수 없는 모습으로 그려지는 그는 불안한 시대의 불안한 존재의 전형에 값한다. 작가는 이 연작에서 난장이네처럼 하층민뿐만 아니라 신애네 같은 중산층은 물론 경훈네 같은 자본가 계급도 불안하긴 마찬가지라고 이야기한다. 가령 은강그룹 회장의 손자인 경훈은 노동자들에게 지나친 편견을 가진 인물인데, 자기네가 가진 것을 빼앗길까 무척 불안해한다. 그런 증상이 이런 악몽으로 현상화된다.

내 그물로 오는 살찐 고기들이 그물코에 걸리는 것을 보려고

했다. 한 떼의 고기들이 내 그물을 향해 왔다. 그러나 그것은 살 찐 고기들이 아니었다. 앙상한 뼈와 가시에 두 눈과 가슴지느러 미만 단 큰 가시고기들이었다. 수백 수천 마리의 큰 가시고기들 이 뼈와 가시 소리를 내며 와 내 그물에 걸렸다. 나는 무서웠다. 밖으로 나와 그물을 걷어 올렸다. 큰 가시고기들이 수없이 걸려 올라왔다. 그것들이 그물코에서 빠져나와 수천 수만 줄기의 인 광을 뿜어내며 나에게 뛰어올랐다. 가시가 몸에 닿을 때마다 나 의 살갗은 찢어졌다. 그렇게 가리가리 찢기는 아픔 속에서 살려 달라고 외치다 깼다.*

그물과 가시고기의 모순 관계가 뚜렷하게 형상화된다. 그물 로 가시고기들을 잡으려 하는 경훈의 시도와, 그 그물을 빠져 나와 경훈의 살갗을 찢어버리는 가시고기들의 저항이라는 극 단적 대조가 불안의 풍경을 극화한다. 이런 경훈의 꿈은 노동 자들과 대립/모순 관계에 있는 자본가의 상징적 악몽이며, 불 안 심리의 도상적 장면화에 속한다. 상황이 이러함에도 '난장 이'는 사랑으로 지양되기를 소망했다. 그러나 그의 사랑은 현

---

* 조세희, 「내 그물로 오는 가시고기」, 『난장이가 쏘아올린 작은 공』, 302~303쪽.

실에서 무기력했다. 소망의 소진은 곧 생명의 소진으로 이어졌다. 그의 죽음은 그래서 더 비극적이다. 어떻게든 살아보고자 애써 보았지만 더 이상 어쩔 수가 없는 지경이 되었을 때, 자기 존재가, 그레고르 잠자가 그랬듯, 벌레처럼 전락했다고 느껴졌을 때, '난장이'의 선택지는 매우 비좁을 수밖에 없었으리라. 그랬기에 이 '난장이'의 죽음은 애도 불가능한 사건이었는지도 모른다. 그의 부인이나 아들딸들도 그랬거니와, 작가 자신도 애도 불가능한 자기 주인공의 죽음으로 인해 무척 고통스러워했다.

그런 고통의 산물 중의 하나가 바로 「연극」이란 소품이다. 여기서 인물 서술자 '나'는 분열된 이중 자아로 나타난다. 현상 추수적 자아와 도덕적 양심을 지향하는 자아 사이의 대화가 극적으로 전개된다. 사랑이고 희망이었던 난장이의 죽음을 놓고 두 자아는 대립한다. 두 번째 자아가 말한다; "내가 사랑과 희망을 죽였어! …(중략)… 내가 난장이를 죽이고, 난장이의 큰아들까지 죽였어! 내가 그렇게 썼어!" 첫 번째 자아가 그렇지 않다고 말한다; "난장이는 처음부터 죽어 있었어! 그를 죽인

건 내가 아냐. 죽어 있었기 때문에 죽은 것으로 썼어."* 있는 것 (싸움과 좌절)과 있어야 할 것(사랑과 희망) 사이의 거리에서 고뇌하며 자책하는 작가의 내면 정경을 여실히 확인할 수 있는 부분이다. 그 고뇌의 끝에 가면 "나는 보이지 않는다." 자아가 철저하게 분열되고 상실되는 것은 사랑과 희망에 대한 전망을 동시대에서 확보할 수 없기 때문이다.

그러니까 결국 조세희는 현실을 대립적인 세계관으로 인식하되, 대립하는 양자를 사랑으로 보듬어 화해와 일치로 이르는 희망의 전망을 추구하고자 했으나, 바로 이 지점에서 가장 큰 딜레마에 봉착하게 된 것이다. '난장이'도 거인도 조세희가 꿈꾸는 뫼비우스 환상곡을 함께 연주할 아무런 활을 준비하지 못한 상태였기에 그러했다. 그러니까 조세희의 『난장이가 쏘아올린 작은 공』에서 '난장이'의 죽음은 뫼비우스 환상곡에 결정적인 파열음으로 작용하는 사건이었던 셈이다.** '난장이'와 같은 순진성의 영혼을 지닌 인간들이 오래 전부터 추구해왔

---

* 조세희, 「연극」, 『시간여행』, 137쪽.
** 졸고, 「복합시선, 그 심미적 이성의 열린 가능성」, 『상처와 상징』, 민음사, 1994, 78쪽.

던 가치들, 이를테면 사랑과 봉사, 자유와 평등, 평화, 행복, 지속가능한 안전과 발전 등이 소망과는 달리 하염없이 미끄러지면서, 반대로 정치적 억압과 경제적 불평등, 갈등, 환경 파괴로 인한 위기 가중 등으로 인해 보편적 불안이 만연하고 실존적 위기가 제고되는 현실에서 삶은 무엇이고 죽음은 무엇일까? 더욱이 '난장이'로 표상되는 소외된 노동자 계급은 어떻게 진정성 있는 삶의 지평을 확보할 수 있을 것인가? 이런 질문들을 '난장이'의 죽음 사건은 계속 환기한다. 이는 '난장이'의 비극적 삶과 죽음을 야기한 일련의 사회경제적 환경이 소망처럼 좋아지지 않은 탓이겠다. 자본세 시대의 그런 곤혹스러운 실상 때문에 '난장이'의 죽음은 거듭 소환되고 성찰된다. '난장이'처럼 살다 죽는 사람이 없는 세상, 작가 조세희의 소망은 바로 거기에 있었다. 그 점에서 아서 밀러나 프란츠 카프카의 고민도 크게 다르지 않았다. 과연 가망 없는 희망이었을까?

05

일찍 꺾이다, 요절(夭折)

—이른 죽음과 애도

최성민

이른 죽음

안타깝지 않은 죽음이 드물겠지만, 일찍 꺾여 버린 이른 죽음만큼 애처롭고 슬픈 죽음이 또 있을까. '요절(夭折)'은 일찍 꺾인 이른 죽음을 뜻하는 말이다. 그렇다면 이른 죽음의 기준은 어떠할까.

정승호 · 김수진의 책 『조선의 왕은 어떻게 죽었을까』(인물과사상사, 2021)에서 살펴보면, 조선시대 27명 왕들의 평균 수명은 46세였다. 50세를 넘기지 못하고 죽은 왕들이 대부분이었다는 것이다. 아들인 사도세자를 이른 죽음으로 몰아넣었던 영조가 83세까지 살아서 최고의 장수를 누렸고, 예종은 20세에, 단종은 17세에 세상을 떠났다. 수양대군 세조에 의해 폐위되어 제 명을 다 살지 못했던 단종은 물론이지만, 세조의 아들 예종 역시 이른 나이에 세상을 떠났다. 고려시대 왕 34명의 평균 수명은 약 42세였다. 일반인들의 수명은 정확한 통계를 파악하기 어렵지만, 19세기 무렵 조선의 평범한 사람들의 평균 수명은 40세를 넘지 않았을 것으로 추정되고 있다.

현대에는 기대수명이라는 통계적 예측 수치를 내놓기도 한다. 특정 시기에 태어난 사람들의 평균적 수명을 예측하는 수치이다. 2021년 12월 통계청이 내놓은 자료에 따르면, 2020년에 태어난 출생아의 기대수명은 83.5년이다. 성별로 구분하면 남자는 80.5년, 여자는 86.5년이다. 1990년 출생아의 기대수명은 71.7년이었다. 남자는 67.5년, 여자는 75.9년이었다.

수명을 평균값으로 논하는 것에는 주의할 점이 있다. 대다수 사람이 그러하다는 의미와 평균값이 그러하다는 의미는 똑같지 않다. 예외적으로 오래 산 사람과 아주 어린 영유아기에 세상을 떠난 사람의 수가 많지는 않더라도, 이 예외적인 경우의 수명이 평균 수치에 큰 영향을 미친다. 특히 영유아 사망률이 높던 과거에는 평균 수명이라는 수치가 대다수 성인(成人)이 사망에 이르는 나이를 의미한다고 보기는 어려웠다. 그러한 변수를 감안한다고 해도, 고려시대나 조선시대를 살던 사람이 60세 환갑을 맞이했다면 장수(長壽)의 축복을 누렸다고 보아도 무방할 것이다. 그 시절에는 쉰 살 무렵에 세상을 떠난 사람을 향해 요절이라 말하기 어려웠을 것이다. 반면, 요즘 어떤 사람이 나이 50세에 세상을 떠났다면, 이른 죽음이라고 말하는 것이 전혀 어색하지 않다.

문학 작품 속 인물의 죽음에 대해 언급할 때도, 작품이 쓰인 시대나 배경이 되는 시대를 고려해야만 한다. 죽음에 이른 나이가 의미하는 바도 시대에 따라 다를 것이고, 죽음의 원인이 의미하는 바도 시대에 따라 다를 것이다. 물론 같은 시대라고 할지라도, 사회적, 종교적, 문화적, 계급적 환경에 따라서도 죽음의 의미는 또 달라진다.

20세기 이후의 문학작품에는 교통사고나 암으로 인한 죽음이 자주 등장하지만, 짐승의 습격을 받아 죽거나 제사의 희생물로 바쳐지는 죽음은 자주 등장하지 않는다. 그렇다고 해서, 문학작품 속의 인물이 반드시 그 사회의 평균적 면모를 보여준다고 생각해서도 곤란하다. 문학작품의 인물은 오히려 무언가 특별한 직업이나 경험을 한 인물일 가능성이 크다. 무언가 특별해야 위기나 갈등을 겪는 과정이 더욱 특색 있게 묘사될 것이고, 혹은 그것을 극복하며 살아가는 모습도 문학 속 주인공다운 특징으로 그려질 것이다. 문학작품 속 인물의 죽음도 평범한 평균치의 죽음이기만 할 리가 없다. 문학작품 속에서 그려지는 인물의 죽음 역시 대체로 무언가가 특별하기 마련이다. 서서히 늙어 가다가 죽음의 나이, 황혼(黃昏)의 나이에 이르러 생의 마지막을 준비하는 것도 때로는 아름답고 때로는 슬픈 문학의 소재일 수 있지만, 갑작스러운 죽음이 주는 충격과 상처에 비할 바가 아닐 것이다. 특별히 이른 나이에 죽은 인물이 등장한다면, 그것은 그 자체로 깊은 슬픔과 애처로움의 정서를 이끌어내기에 적절하다. 그렇다 보니 아주 오래전 고전 문학작품들로부터 현재에 이르기까지, 문학작품 속 인물의 죽음에는 이른 죽음, 즉 요절이 자주 등장한다.

가족의 요절이라는 깊은 상처

향가(鄕歌)라고 불리는 문학 장르는 신라시대부터 형성되어 고려시대 초기까지 이어져 온 우리 고유의 시가(詩歌) 장르다. 향찰(鄕札)이라는 독특한 표기 방식에 의해 기록되어 있어서, 우리의 옛말 표현을 짐작하게 해주는 아주 중요한 언어학적 자료로도 인정받고 있다. 지금까지 전해지는 향가 작품의 수가 그리 많다고 할 수 없지만, 슬픔이나 기원의 마음을 담은 작품에서부터 종교적 신앙을 담은 작품, 민요적 형식을 갖춘 작품까지 다양한 노래들이 불렸던 것으로 확인된다.

그중에서도 「제망매가(祭亡妹歌)」라고 불리는 작품은 서정성과 완성도가 뛰어난 작품으로 손꼽힌다. 8세기 무렵 신라 경덕왕 때 승려였던 월명사(月明師)가 지어 불렀던 노래이다. 향찰 표기를 현대어로 풀어낸 여러 해석이 존재하지만, 그중 가장 널리 알려진 김완진 교수의 현대어 해석을 옮기면 다음과 같다.

삶과 죽음의 길은 여기에 있으므로 머뭇거리고

나는 간다는 말도 못다 이르고 어찌 갑니까

어느 가을 이른 바람에 여기저기에

떨어질 잎처럼 같은 나뭇가지에 나고서도 가는 곳을 모르겠구나

아아 극락세계에서 만날 나는 도를 닦으며 기다리겠노라

「제망매가」라는 제목에도 드러나 있지만, 이 노래는 죽은 누이, 즉 망매(亡妹)에 대한 애도를 담고 있다. 「제망매가」가 수록된 『삼국유사(三國遺事)』 '감통' 편에 따르면, 월명사는 누이가 이른 나이에 죽어, 이를 슬퍼하는 마음과 극락왕생(極樂往生)에 대한 축원의 마음을 담아 이 노래를 지어 부르자 갑자기

회오리바람이 불어 지전(紙錢)이 서쪽으로 날아가버렸다고 한다.

　때이른 바람에 떨어져 버린 나뭇잎처럼, 누이의 죽음은 갑작스럽고도 일찍 찾아왔기에 그 슬픔은 특별히 깊고 가슴 아팠을 것이다. 이 노래의 화자(話者)는 갑자기 떠난 누이와 작별 인사조차 나누지 못했음을 안타까워하고 있다. 하나의 나뭇가지에서 자라난 잎처럼, 한 부모에게 태어났으나 이제는 간 곳도 알 수 없고, 만날 수도 없는 애절한 마음이 잘 표현되어 있다. 떠나간 누이를 다시 극락세계에서 만날 때까지 불교적 구도의 마음으로 간절히 그리워하겠다며, 노래는 마무리된다.

　일제강점기 1930년대를 대표하는 시인 정지용의 작품에는 죽은 아이에 대한 안타까운 슬픔을 표현하는 시들이 있다.[*] 정지용은 1935년 『가톨릭청년』에 발표한 시 「비극」에서 "일찍이 나의 딸 하나와 아들 하나를 드린 일이 있기에"라는 구절을 적어놓았다. 두 명의 아이를 일찍 여읜 일이 있었음을 짐작하게 한다. 영유아의 사망률이 높던 시기라고 하지만, 흔한 일이라

---

[*]　이에 대해서는 이승원, 「정지용 시 '유리창(琉璃窓)' 읽기의 반성」, 『문학교육학』 16, 한국문학교육학회, 9~27쪽을 참조.

고 해서 자식을 먼저 떠나보내는 아픔이 사소한 일이 될 수는 없었을 것이다.

정지용의 1927년 시 「발열(發熱)」에는 다음과 같은 구절이 있다.

> 아아, 이 애 몸이 또 달어 오르노나.
>
> 가쁜 숨결을 드내 쉬노니, 박나비처럼,
>
> 가녀린 머리, 주사 찍은 자리에, 입술을 붙이고
>
> 나는 중얼거리다, 나는 중얼거리다,
>
> 부끄러운 줄도 모르고 다신교도(多神教徒)와도 같이.
>
> 아아, 이 애가 애자지게 보채노나!
>
> 불도 약도 달도 없는 밤,
>
> —「발열」 일부*

정지용의 첫째 딸은 홍역을 앓다가 세상을 떠났다고 알려져 있다. 홍역(紅疫; Measles)은 발열, 발진, 기침 등의 증상을 동반하는 바이러스성 감염병이다. 1960년대 백신이 도입되고,

---

* 정지용, 「정지용시집」, 시문학사, 1935, 38쪽. (맞춤법은 현대어로 수정함.)

1980년대 이후 접종이 의무화되면서, 우리나라에서는 더 이상 위험한 질병으로 인식되지 않지만, 전염성이 가장 높은 감염병 중의 하나이며 특히 영유아들에게는 치명적인 질병으로 알려져 있다. 백신 보급이 저조한 저개발 국가의 경우, 한 마을에 홍역에 걸린 아이가 단 한 명만 발생해도, 마을 아이들 대부분이 줄지어 감염되고 상당수가 사망에 이르는 일이 빈번하게 벌어졌다. 어떤 어려운 일을 겪게 되었을 때, '홍역을 앓다'라는 관용적 표현이 지금도 널리 쓰일 만큼, 홍역은 아주 무서운 질병이었다. 「발열」의 화자는 아이가 한밤중에 열이 나면서, 가쁜 숨을 몰아쉬는 모습을 보며 안타까운 마음을 억누를 수가 없다. 마땅한 약을 쓸 수도 없는 질병에 고통스럽게 시달리는 어린 아이를 보며 겪는 괴로움을 비견할 일이 무엇이 있을까. 가톨릭신자였던 정지용은 아이의 가녀린 머리에 입술을 붙이고, 아마도 가톨릭의 유일신 이외에도 부를 수 있는 모든 신과 신령께 간절히 비는 마음으로 기원을 했을 것이다.

그러나 비극은 이것으로 끝나지 않았으니, 정지용의 둘째이자 장남이었던 아들도 역시 폐질환으로 세상을 떠난다. 아마도 1930년대에 유행했던 폐결핵으로 인한 죽음으로 추정된다. 당시 식민지 조선에서 결핵은 많이도 걸렸고, 치명률도 높았다. 캐나다 출신의 서우드 홀 박사는 당시 조선의 결핵 환경을 안타까워했다. 결핵의 원인이나 예방법도 잘 몰랐지만, 치료할 병원도, 요양할 요양원도, 결핵에 맞서 싸울 경제적 여유도 없었다. 서우드 홀 박사는 1926년 해주구세병원 원장으로 부임하였고, 1930년엔 해주구세요양원을 설립했다. 1932년부터는 크리스마스 씰을 도입하면서, 거북선과 숭례문과 같은 도안을 제안하기도 했다. 결핵 퇴치를 위해서는 교육과 계몽도 필요하다고 강조했다.

1920~30년대에는 시인, 소설가, 화가 등 많은 예술가들이 결핵에 걸렸는데 그들 중 상당수는, 결핵을 '예술가병', '지식인병'이라고 여기며 자랑스러워하기도 했다. 이 같은 어리석은 인식은 19세기 유럽에서도 유행했었다. 얼굴이 창백해지며 야위어지다가 피를 토하는 결핵의 증상이 예술가답고 낭만적인 질병이라고 생각한 모양이다. 치료를 게을리하다가 죽음에 이르는 일도 빈번했다. 소설 「벙어리 삼룡이」를 쓴 나도향, 「날개」를 쓴 이상, 「동백꽃」을 쓴 김유정 같은 작가들도 결핵으로 인해 죽음에 이른 것으로 알려져 있다.

어른도 아닌 어린 아이가 폐결핵을 앓게 되면, 그것은 더욱 치명적이었다. 1930년에 발표된, 정지용의 대표작 중 하나인

「유리창1」에는 폐병으로 죽은 아들에 대한 그리움이 간절하게 표현되어 있다.

> 유리(琉璃)에 차고 슬픈 것이 어린거린다.
> 열없이 붙어서서 입김을 흐리우니
> 길들은 양 언 날개를 파다거린다 (중략)
> 고운 폐혈관(肺血管)이 찢어진 채로
> 아아, 너는 산새처럼 날아갔구나!
>
> ─「유리창1」 일부*

두 명의 아이를 홍역과 결핵으로 잇달아 일찍 여읜 아비의 심정을 지금으로선 짐작하기도 쉽지 않다. 그 깊은 상처와 슬픔이 정지용의 문학에 커다란 영향을 주었으리라는 것만은 짐작해볼 수 있다.

1946년 김광균 시인이 발표한 시 「은수저」에도 어린 자식의 죽음을 슬퍼하는 내용이 담겨 있다. 노을에 잠겨 어둠이 찾아온 뒤, 저녁 밥상 자리에 아이는 없다. 아이가 세상을 떠난 것

---

* 정지용, 『정지용시집』, 시문학사, 1935, 15쪽. (맞춤법은 현대어로 수정함.)

이다. 아이가 앉던 방석 앞에 한쌍의 은수저만 덩그러니 놓여 있다. 화자는 "애기 앉던 방석에 한쌍의 은수저 / 은수저 끝에 눈물이 고인다"라며, 절제하여 슬픔을 표현하고 있다.

1952년 발표된 김현승 시인의 「눈물」에도 역시 어린 아이를 먼저 떠나보낸 아픔이 담겨 있다. "더러는 / 옥토(沃土)에 떨어지는 작은 생명이고저"로 시작되는 이 시는 "나의 가장 나아종 지니인 것도 오직 이뿐"이라며, 슬픔의 결정체와 같은 눈물의 의미를 표현한다. 기독교적 신앙을 통해 죽음으로 인한 슬픔을 극복하고, 부활과 영생에 대한 믿음을 표현한 시라고 해석되기도 하지만, 그 눈물에 담긴 생명의 무게와 아픔의 크기는 신앙의 힘으로도 감추기 어려운 것이다.

견디기 힘든 슬픔, 공감이라는 위로

김현승 시인의 시에 표현된 "나의 가장 나아종 지니인 것"은 박완서의 1993년작 소설 「나의 가장 나종 지니인 것」의 제목으로 되살아났다. 이 소설은 손윗동서 형님이 걸어온 전화를 받고, 전화 통화하는 한 어머니의 목소리로 채워져 있는 단편소설이다. 깜빡 잊고 지나간 증조모님 제사에 대한 이야기와 각자의 며느리에 대한 수다로 이어가던 통화 내용은 아들 창환의 죽음 이후에 대한 이야기로 이어진다. 창환은 민주화 투쟁 과정에서 경찰의 쇠파이프에 맞아 목숨을 잃은 아들이다. 아들이 열사(烈士)가 된 뒤, 슬퍼할 겨를도 없이 화자 자신 스스로가 투사(鬪士)로 살아가게 된 사정을 털어놓는다. 군사쿠데타 '5.16'과 광주민주화항쟁 '5.18'도 잘 구분하지 못하는 형님에게, "자식을 잡아먹고도 데모가 그렇게 좋으냐"고 악을 쓰는 형님에게, 그렇게 답답한 소리하지 말라며, 스스로도 자신의 변화가 낯설기도 하다면서도 아들에 대한 책임감으로 살아간다고 큰소리를 치기도 한다. 그러나 차 사고로 하반신 마비에 치매까지 앓게 된 아들을 돌보는 동창 친구의 모습을 보게 되면서, 화자는 그래도 생명의 실체를 느낄 수 있는 동창을 부러워하는 자신의 심정을 토로한다. 아들이 떠난 뒤로, '장한 어머니'가 되었지만, 출세한 남의 자식조차 부러워한 적 없었던 내가 그저 숨만 쉬고 있을 뿐인 동창의 아들을 부러워하고 있다는 사실을 털어놓으며, 화자는 "혹시 그놈의 것의 꼬리라도 어디 한 토막 남아 숨어 있으면 어쩌나 의심해본 적, 형님은 없죠?"라고 소리를 친다. 그때 그동안 마치 감정조차 없던, 통곡의 벽 같던 형님은 눈물을 쏟아내고 만다.

1987년에서 1991년에 이르는 시기에 수많은 대학생들이 민주화 투쟁 과정에서 목숨을 잃었다. 고문으로 죽은 박종철, 최루탄을 직격으로 맞아 죽은 이한열, 경찰의 쇠파이프에 맞아 죽은 강경대, 최루탄과 구타로 인해 질식해 죽은 김귀정 등, 대학생들의 죽음이 잇달았다.

끔찍할 정도로 아픈 슬픔의 마음을 우리는 종종 '단장(斷腸)'의 슬픔이라 표현한다. 창자가 끊어지는 듯한 고통을 느끼는 슬픔이라는 의미이다. 슬픔 중에 가장 고통스럽게 아픈 것이라는, 가족의 죽음, 그중에서도 자식의 이른 죽음이 안겨주는 슬픔의 크기는 단장의 슬픔이라는 표현만으로도 부족할 것이다. 아마도 동서고금의 작가들이 시와 소설과 같은 문학 작품 안에서 자식의 죽음을 다시 표현해 내는 것은 고통스러운 슬픔을 승화시켜 낸 결과일 것이다. 독자들은 그것을 읽으며 또 한 번의 카타르시스를 경험하며, 슬픔을 정화하고 아픔에 공감할 수 있게 되었을 것이다.

박완서 작가는 남편이 폐암으로 세상을 떠나고, 의과대학을 다니던 아들마저 사고로 운명을 달리한 뒤, 이 소설을 써냈다. 아들이 세상을 떠난 이유는 소설 속 화자와는 전혀 다르다. 박완서 작가는 애지중지하던 자신의 실제 아들을 잃은 사건과 슬픔의 감정에 대해 직접적으로 표현해 놓지 않았다. 개인적 슬픔을 토로하는 것에 머물기보다, 또 다른 청년들의 죽음에 공감했다. 개인적 슬픔과 아픔에 사무칠 겨를도 없이, 자식의 죽음을 계기로 최루탄이 터지는 시위 현장으로, 감시와 멸시가 존경을 뛰어넘어 덮쳐올 길로 접어든 열사의 부모의 눈물을 발견했다. 각각의 사정과 환경과 사인(死因)은 다를지라도, 슬픔과 아픔의 연대가 가능할 것이라 느꼈던 것이다.

아마도 박완서 소설 「나의 가장 나종 지니인 것」에서 화자와 형님이 세상을 바라보는 시각이나 살아가는 방식이 달랐을지라도, 형님이 끝내 눈물을 쏟아내게 되었던 것은, 그리고 아마 이 소설을 읽던 독자들도 함께 눈물을 흘릴 수밖에 없었던 것은, 자식의 죽음이라는 고통스러운 슬픔을 경험해 보지 못했더라도 공감할 수밖에 없는 마음 때문이었을 것이다. 함부로 위로의 말도 건네기조차 힘든 그 순간, 슬픔에 공감하고 함께 눈물 흘려준다는 것, 그것은 무엇보다 강한 위로일 것이다.

2014년 김애란의 소설 「입동」은 이제 겨우 어린이집을 다닐 만큼 어린 아이 영우를 잃은 한 부부의 이야기를 남편의 목소리로 전한다. 처음으로 내 집을 사서 이사를 온 아파트에서, 영우는 '부릉부릉'이 많아서 이 동네가 좋다고 즐거워했다. 집안

곳곳을 직접 인테리어를 하며 꾸미면서 아내는 행복해했다. 부엌과 마주한 작은방은 영우의 방으로 꾸몄다. 그런 집에서의 행복이 오래가지 않았다. 영우는 지난 봄, 어린이집 차에 치여 그 자리에서 목숨을 잃었다. 화장터에서 영우를 보내며, 아내는 '잘 가'라고 하지 않고, '잘 자'라고 했다. 영우를 온전히 떠나보낼 수는 없었던 것이다.

영우를 잃은 뒤, 아내는 직장도 관두고 집안에 틀어박혀 아무것도 하지 않았다. 아무것도 할 수 없었을 것이다. 아파트 대출금과 이자, 관리비, 생활비 등이 계속 빠져나가자 생활은 점점 어려워졌다. 영우를 잃은 뒤, 보험사에서는 보험금을 지급해주었다. 그걸 보험회사에서는 손해배상으로 불렀다. 그러나 영우의 부모는 생활고를 겪으면서도, 그 돈을 쓸 수 없었다. 마치 그 돈을 쓰면, 영우의 죽음에 동의하는 것 같은 기분이 들기 때문이었다.

아내는 동네 마트에도 가기 힘겨워했다. 다른 사람들의 시선조차 고통스러웠다. 아내는 사람들이 자꾸 쳐다본다고, '아이 잃은 사람이 옷은 어떻게 입나, 자식 잃은 사람도 시식 코너에서 음식을 먹나, 무슨 반찬을 사고 어떤 흥정을 하나 훔쳐본다'고 괴로움을 토로한다. 큰 불행을 겪은 부부에게 주변에서는 탄식과 안타까움을 전했지만, 점차 그들의 수군거림조차 부모에게는 큰 상처로 다가왔다.

> 그 꽃이 마치 아내 머리 위에 함부로 던져진 조화(弔花)처럼 보였다. 누군가 살아 있는 사람에게 악의로 던져놓은 국화 같았다. 우리는 알고 있었다. 처음에는 탄식과 안타까움을 표한 이웃이 우리를 어떻게 대하기 시작했는지. 그들은 마치 거대한 불행에 감염되기라도 할 듯 우리를 피하고 수군거렸다. 그래서 흰 꽃이 무더기로 그려진 벽지 아래 쪼그려앉은 아내를 보고 있자니, 아내가 동네 사람들로부터 '꽃매'를 맞고 있는 것처럼 느껴졌다. 많은 이들이 '내가 이만큼 울어줬으니 너는 이제 그만 울라'며 줄기 긴 꽃으로 아내를 채찍질하는 것처럼 보였다.[*]

아이가 다니던 어린이집에서는 사고 이후에 동네에서 좋지 못한 소문이 돌게 되어서인지, 추석 선물을 동네 주민들에게 돌렸다. 그 선물 복분자액이 영우의 집에도 잘못 배달이 되었다. 뚜껑을 잘못 열다가 복분자액이 벽지에 잔뜩 튀었지만, 마

---

[*] 김애란, 「입동」, 『바깥은 여름』, 문학동네, 2017, 36~37쪽.

음의 여유조차 없어 한동안 도배를 다시 하지도 못하고 있었다. 큰 마음을 먹고 직접 벽지를 사다가 도배를 하려던 날, 예전 벽지 한 구석에 영우가 쓰다가 만 'ㅇ(이응)' 한 글자를 보게되었다. 이름을 채 쓰지 못한 영우의 낙서였다. 그걸 발견한 아내와 남편은 울음을 터트리고 말았다.

　　- 여기……

　　- 응?

　　- 여기…… 영우가 뭐 써놨어……

　　- ……뭐라고?

　　- 영우가 자기 이름…… 써놨어.

　　아내가 떨리는 손으로 벽 아래를 가리켰다.

　　- 근데 다…… 못 썼어……＊

　　영우가 남긴 낙서 흔적 하나를 발견하고, 부모는 오열한다. 김애란의 소설 〈입동〉은 자식을 잃은 부모의 상처가 얼마나 깊고 큰 것인지, 주변의 의례적인 위로조차 얼마나 힘겨운 것

＊ 김애란, 앞의 「입동」, 34~35쪽.

으로 다가오는지를 절실하게 표현해 놓고 있다. 죽음이란 한 생명체의 소멸에 그치지 않는다는 것, 그것이 우리가 죽음에 대해 조심스럽게 성찰하는 이유이기도 하다.

재난이 불러온 이른 죽음

정이현의 단편소설 「삼풍백화점」에는 또 다른 젊은이의 죽음이 그려져 있다. 2006년 현대문학상 수상작품이기도 하고, 연극으로도 만들어졌던 소설이다. 제목에서부터 연상되듯, 이 소설은 1995년 6월 29일 오후 5시 55분경에 있었던, 서울 삼풍백화점 붕괴 사고라는 실제 재난을 배경으로 하고 있다. 500명이 넘는 사망자와 1천 명에 가까운 부상자가 발생한, 단일 사고로는 가장 큰 인명피해를 기록한 사건이다. 지상 5층부터 지하 4층까지 아홉 개 층이 불과 10여 초만에 완전히 붕괴된 끔찍한 재난이었다. 부실 공사와 무리한 확장공사가 직접적 원인이었고, 몇 가지 붕괴 조짐에도 불구하고 끝까지 영업을 중단하지 않은 조치가 참사를 키운 가장 큰 요인이었다.

정이현의 소설 「삼풍백화점」은 서초동에서 자라나서 평범한 대학생으로, 평범한 취업준비생으로, 평범한 직장인으로 살던 '나'의 목소리로 서술되어 있다. 삼풍백화점에서 의류매장 직원으로 일하던 R과 우연히 만나게 되었다. 고교 시절에는 그저 얼굴만 알던 사이이지만, 고등학교를 졸업하자마자 대학에 진학하지 않고 직장 생활을 시작한 R의 경험들은 '나'에겐 낯설고 신기했기에 둘은 급격히 친해졌다. 자주 함께 밥을 먹었고, 영화도 봤으며, R이 일하는 매장에서 일일 아르바이트 근무를 하기도 했다. R은 자취방 열쇠를 건네주기도 했다. 그러다가 '나' 역시 직장을 다니게 되고, 남자친구를 사귀게 되면서 R과는 자연스럽게 연락이 뜸해졌고 멀어졌다.

그러던 어느 무더웠던 초여름 날, 백화점 매장의 에어컨은 고장이었는지 실내도 무척 더웠다. R를 만나러 R이 일하던 매장을 찾아갔지만, R은 보이지 않았다. 지하 1층에 들러 얼룩막무늬 표지의 일기장 하나를 사며 계산을 할 때, 백화점 직원들은 "아까 오 층 냉면집 천장 상판이 주저앉았대.", "웬일이니." 라면서 수다를 떨었다. 1층 공중전화부스에서 R의 삐삐번호를 누르고, 음성메시지를 남긴 후, 5시 43분 백화점 정문을 빠져나와 5시 48분쯤 집에 도착했다. 그리고 오늘 산 일기장을 막 펼쳤을 때, 멀지 않은 곳에서 '쾅' 소리가 들렸다. 삼풍백화점이 무너져내린 것이었다.

정이현은 2007년, 이 소설이 포함된 소설집『오늘의 거짓말』출간기념회에서 삼풍백화점은 자신이 살던 동네의 일상 공간이었고, 수많은 추억과 체험이 남아 있는 공간이기도 했다고 말했다. 자신의 자전적 경험이 이 소설에 녹아 있다는 것이다. 지극히 개인적인 추억과 일상의 공간이라고 생각했던 백화점은 엄청난 사회적 사건이자 재난의 현장이 되었다. 그곳은 사회적 비리와 자본주의적 이익 추구가 만들어낸 참혹한 비극의 현장이었다.

소설 속의 '나'는 세월이 흐른 뒤, R이 어딘가에 살아 있기를 바라지만, 그 이후 R로부터 어떤 연락도 없었고 만날 수도 없었다. 1994년 성수대교 붕괴, 1995년 삼풍백화점 붕괴, 이 두 사건은 1980~90년대 급속한 경제발전과 도시화가 만들어낸 이면의 참담한 부실을 대표적으로 드러낸 사고였다. 두 붕괴 사고는 특히나 어리고 젊은이들의 생명을 많이도 앗아갔다. 당시 매일같이 뉴스에서 보도되던 사망자 명단에 나열된, 아깝게 일찍 꺾인 생명들을 위로할 길도 막막하였다. 삼풍백화점이 무너진 그 자리는 한동안 빈터로 남아 있다가, 2004년 초고층 주상복합 아파트가 들어섰다. 그리고 또 오랜 시간이 흐른 뒤, 그곳에 사는 주민은 대통령이 되었고, 대통령이 되어서도 여전히 그곳에 머무르며 출퇴근을 하고 있다.

애도와 위로

2014년 4월 16일 세월호 사고 직후, 자식을 잃은 슬픔에 이런저런 오해와 감시까지 겹쳐 고통받던 유가족들에게 1980년 5.18 광주민주화항쟁 사건의 유족들은 이렇게 위로를 건넨 적이 있었다.

"당신 원통함을 내가 아오. 힘내소, 쓰러지지 마소. - 5.18 엄마가 4.16 엄마에게"

이듬해였던 2015년, 삼십 년이 넘는 세월을 넘어선 두 사건의 유가족이 "자식을 잃은 마음은 다 똑같아요. 엄마가 자식을 안아주는 마음으로 노래하렵니다."라며, 한 무대 위에서 합창하며 서로의 고통을 위로해주기도 하였다.

프로이트는 사랑하는 이의 죽음을 경험함으로 인해 발생한 우울증은 당연하다고 여기면서, 애도만이 그 우울을 이겨낼 수 있는 힘이 될 것이라고 말한다. 애도는 죽음을 떠올리는 행위이지만, 다시 일상으로 되돌아올 수 있게 하는 치유와 회복의 과정이기도 하다.

일찍 세상을 떠난 요절이라는 죽음은 특히나 비통하고 슬플 수밖에 없다. 그 상실감은 잊으려고 한다고 잊혀지는 것이 아니고, 외면한다고 사라지는 것이 아니다. 애도는 슬픔을 다시 불러내는 것이고, 죽음을 다시 성찰하는 것이다. 그리고 그 모든 것은 다시, 우리의 삶을 위해서, 위로하는 일이다. 사람은 모두가 죽을 것이므로, 우리는 이에 공감하는 것이 마땅할 것이다.

06

현실 너머의 생명과 죽음

—SF에서의 죽음

최성민

영생의 꿈

인간의 신체는 불완전하며, 인간의 생명은 유한하다. 인간은 누구나 질병에 걸릴 수 있으며, 언젠가는 죽음에 도달한다. 중고등학교에서 '연역법'과 '귀납법'과 같은 기본적 논리학을 처음 배우게 되었을 때, "사람은 모두 죽는다."는 명제는 연역법의 대전제로, 귀납법의 결론으로 등장한다. '사람이 죽는다'는 것은 가장 명백하고 분명한 진리이기 때문이다.

반면 철학적으로, 죽음은 '경험될 수 없는 사건'에 해당한다. 살아 있는 한, 죽지 않았으니 죽음은 경험될 수 없다. 죽었다면, 이미 죽었기에 죽음에 대한 경험이 남아 있을 수 없다. 그러나 다른 관점에서 보면, 죽음은 경험될 수 있다. 우리는 주변 사람들의 죽음을 목격하고, 경험한다. 그때마다 죽음은 가까이 있는 듯하게 느껴지기도 하지만, 여전히 누구에게나 죽음은 공포와 두려움의 대상이다.

미래학자 레이 커즈와일은 2007년에 펴낸 『특이점이 온다』라는 책에서 2020년경에는 가상현실의 기술적 혁신이 이루어질 것이며, 나노봇의 발달로 대다수 질병이 사라질 것이라고 전망했다. 그리고 2040년대가 되면, 유전적 한계를 뛰어넘는 특이점에 도달하여, 사실상 인간의 생명은 무한히 연장 가능하게 될 것이라고 주장하였다.

그러나 모두가 알다시피, 2020년 인류는 작디작은 바이러스에 의해 '세상의 멈춤'을 경험하였다. 코로나19 팬데믹은 인간의 한계를 새삼 자각하게 해주었다. 인간의 생명은 여전히 취약하고 나약한 존재였으며, 인간의 첨단 기술 과학과 의료 시스템은 허망할 정도로 허술했다.

그렇다고 인간이 이미 오래전부터 꿈꾸어 온, 영생(永生)의 희망은 그저 헛된 바람만은 아니다. 인간의 꿈 덕분에, 인간은 좀 더 덜 죽게 되었고, 좀 더 살 수 있게 되었다. 영생의 꿈이 이루어진 것은 아니지만, 어쩌면 그 꿈 덕분에 의료 기술이 발달하고, 질병과 건강에 대해서, 그리고 인간의 신체와 생명의 원리에 대해서 더 많이 알게 된 것은 사실이다. 불과 100년 전만 해도, 인간의 평균 수명이 80세를 넘게 되리라고는 예상하

기 어려웠을 것이다. 인간은 분명히 과거보다 더 긴 생을 누릴
수 있게 되었다.

SF 문학 속의 과학과 질병

인간이 꿈꾸는 막연한 미래의 전망은 때때로 SF, 즉 과학소
설(Science Fiction)에 의해 구체적으로 구현되었다. 한때 우리
나라에서는 SF를 '공상(空想)' 소설이란 이름으로 비하하기도
했다. '공상'이란 말 그대로 헛된 생각, 터무니없는 생각이란
의미이다. 하지만 SF는 과학적 지식과 가능성이 있는 상상력
이 결합되어 만들어지는 문학 장르이다. 얼토당토않은 이야기
가 아니라는 것이다.

최초의 SF 문학작품으로 손꼽히는 소설 「프랑켄슈타인」은
1818년에 스무 살 남짓이던 여성 작가 메리 셸리가 쓴 작품으
로 알려져 있다. 당시는 전 세계가 제국주의 침략 전쟁으로 어
수선하였고, 전염병 콜레라마저 창궐하여 혼란스러웠던 때
였다. 이 소설의 서두는 프랑켄슈타인 박사라는 과학자가 시
체들을 찾아 모아, 신체의 조각조각을 꿰매고 이어 붙여 새로
운 생명체인 '괴물'을 만들어낸 것으로 시작된다. 프랑켄슈타

인 박사는 신의 영역이었던 생명의 창조에 성공했지만, 자신이 만들어낸 피조물의 흉물스러운 모습에 충격을 받고 도망을 치고 말았다. 괴물은 사람들과 어울려 살고 싶어 하지만, 추악한 외모 때문에 사람들의 혐오와 공격을 받게 되었다. 결국 괴물도 분노의 감정을 가진 채 멀리 떠나 버린다. 얼마의 세월이 흐른 뒤, 프랑켄슈타인 박사는 자신이 만들어낸 괴물과 다시 조우하는데, 이들은 모두 끝내 불행한 최후를 맞게 된다.

여기저기 누더기처럼 꿰맨 자국들과 나사못이 머리에 박혀 있는 이미지로 표현되곤 하는 이 '괴물'을 '프랑켄슈타인'이라고 잘못 부르는 경우도 있지만, 프랑켄슈타인은 괴물의 이름이 아니라 그 괴물을 만든 박사의 이름이다. 죽은 시체들을 모아 살아 있는 생명체를 만들어냈다는 것은 터무니없는 이야기 같지만, 사실 이 소설에는 당시의 과학적, 의학적 실험이나 발견의 결과가 잠재적으로 영향을 미치고 있었다. 18세기 이탈리아의 해부학자이자 생리학자였던 루이지 갈바니는 개구리 뒷다리에 전기가 흐르는 금속을 가져다 대면, 경련이 일어난다는 사실을 발견하였다. 그는 이를 관찰하고 동물 자체에서 전기가 만들어진다고 생각했다. 이는 '동물전기 이론', 혹은 '갈바니즘'이라고 불렸었다. 갈바니의 동물전기 이론은 훗날 잘못된 이론이라는 것이 밝혀졌지만, 그의 발견과 주장은 훗날 '전기'를 가두어 활용할 수 있게 만든 '전지(電池)' 발명의 계기가 되었다. 멈춘 심장을 다시 뛰게 만드는 심장 제세동기 원리의 가장 기초적 아이디어도 갈바니에서 시작되었다고 보기도 한다. 메리 셸리는 갈바니의 이론에서 괴물 창조의 아이디어를 얻었다고 알려져 있다. 소설 「프랑켄슈타인」은 발표 초기에는 너무 끔찍하거나 허무맹랑하다고 비판도 받았지만, 대중적으로 큰 인기를 누렸다. 1960년대 이후로는 생명에 대한 성찰을 담은 소설로서, 과학적 지식이 바탕이 된 SF 소설로서, 여성 작가의 독창성이 담긴 작품으로서 높이 평가받고 있다.

19세기에 프랑스에서 활동한 쥘 베른의 작품들 역시, 당시로서는 터무니없어 보이는 상상력의 결과물처럼 보였다. 지구의 지표면 속을 탐험한다는 「지구 속 여행」이나 달을 향해 로켓을 쏘아보내 여행을 한다는 「달세계 여행」, 바닷속을 잠수하는 배를 타고 탐험을 한다는 「해저 2만리」 등이 그러한 예이다. 그의 소설이 나온 지 100년의 세월이 흘러, 인간은 실제로 달에 착륙을 했고, 핵기술을 이용한 잠수함을 개발하기도 했다. 쥘 베른의 소설 속 아이디어는 실제 과학기술의 개발에 큰 시사점을 준 셈이다.

메리 셸리의 또 다른 걸작 「최후의 인간」에서는 정체불명의 전염병이 인류를 멸망 위기에 빠뜨리는 상황이 표현되어 있다. 반면 19세기 말 허버트 G. 웰스의 소설 「우주전쟁」은 지구를 침략해 온 화성인들이 인류를 멸망의 위기에 빠뜨리지만, 지구에 있던 세균에 대한 면역력이 없어서 결국 모두 죽거나 물러가게 된다는 결말로 끝맺는다. 두 작품 모두, 총칼보다 무서운 감염병의 위력에 대한 과학적 인식과 경험을 바탕으로 쓰여진 것이다.

물론, SF 소설이 이처럼 무서운 질병에 대한 두려움만 담고 있는 것은 아니다. SF 소설에서 과학의 발달은 인간의 수명을 크게 연장시킬 것으로 전망되곤 했다. 1960년대 로저 젤라즈니의 소설 「신들의 사회」에서는 식민 우주선을 타고 한 행성에 유토피아를 건설한 이주민 '제1세대'들이 무기와 과학기술을 독점하여 사실상 '신'처럼 '불사(不死)'의 삶을 누리며 살아가는 것으로 묘사된다.

비교적 근래에 나온 한국 SF 소설들에서도 이런 설정이나 묘사가 나타난다. 2006년에 발표된 김보영의 단편소설 「우수한 유전자」에는 상층 계급들은 완벽한 공기 정화 시설을 갖추고 있는 '스카이돔'이라는 곳에 모여 살면서, 200살까지 살게 되었다고 묘사되어 있다. 2012년에 발표된 배명훈의 소설 「바이센테니얼 챈슬러」에는 227살이 넘도록 살면서 통치하는 총통과 그의 통치를 피하기 위해 냉동 수면 기술을 활용해서 200년간 수면과 깨어남을 반복하는 인물이 등장한다.

죽음이라는 상실

과학기술과 의학의 발달이 인간의 삶을 바꿔놓고, 수명을 연장시킨 것은 사실이지만, 그러한 성과가 누구에게나 똑같이 주어지는 것은 아니다. 지금도 지구 위의 많은 나라들마다 평균 수명은 크게 차이가 난다. 여러 SF 소설에서 인간의 수명은 계급에 따라 크게 달라지는 것으로 묘사되는 것은 어쩌면 당연한 일일지도 모른다.

필립 아리에스는 그의 저서 『죽음 앞의 인간』에서 죽음에 대한 인식이 시대에 따라 달라졌음에 대해 설명하였다. 중세 이전에 죽음은 미지의 대상이며, 호기심의 대상이기도 했다. 종교는 죽음 이후의 세계, 즉 사후 세계에 대한 비전을 보여주기도 하고, 부활이나 환생의 가능성을 예언적으로 말해주기도 하였다. 필립 아리에스에 따르면, 20세기 이후 죽음은 '조심스러운 금기의 대상'이 되었다. 대부분의 현대 국가에서 죽음은 '병원'이라는 한정되고 고립된 공간에서 일어나는 일이 되었다. 더구나 병원 의료 시스템에서의 죽음은 '인간의 당연한 종말'이 아니라, '일종의 실패'로 여겨지게 되었다. 그렇다면, 미래사회에서의 죽음은 어떤 의미로 받아들여지게 될까?

상상력을 통해 그것을 짐작해보기 위해, 죽음의 문제를 SF 소설 속에서 성찰한 두 편의 작품을 살펴보고자 한다. 최근 가장 주목받는 SF 작가로 떠오른 김초엽의 단편소설 「관내분실」과 한국에서 가장 대중적인 인기를 누리는 작가인 김영하의 장편소설 『작별인사』, 이상의 두 편이다.

김초엽 작가는 제2회 한국과학문학상 중단편 부문 대상과 가작에 각각 다른 작품이 동시에 선정되어 화제를 모았다. 「우리가 빛의 속도로 갈 수 없다면」이 가작에, 그리고 「관내분실」이 대상에 뽑혔다. 「관내분실」*이 배경으로 하고 있는 사회에서는 인간이 죽은 후 각자의 '마인드'라는 것을 보관하고 저장함으로써, 육체적 죽음에 이른 사람들의 정보를 데이터화한

---

* 김초엽, 「관내분실」, 『우리가 빛의 속도로 갈 수 없다면』, 허블, 2019, 219~271쪽. (이후 소설 인용 부분에는 괄호 안에 쪽수를 표기)

다. 도서관은 마인드 보관 장소로서, 일종의 납골당 같은 추모 공간이다. 도서관엔 책장 대신 마인드 접속기가 자리 잡고 있다. 사람들은 추모를 위해 도서관을 찾아온다. 도서관에서는 고인(故人)이 좋아했던 꽃이나 음식, 물건을 모방한 데이터 조각을 판매한다.

처음에 사람들은 육체가 죽은 뒤, 영혼이 데이터로 이식되어 저장되는 것이니, 영혼은 영원히 살아남게 된 것이라 여기기도 했다. 실제로 살아 있는 사람처럼 이미지로 재현되어 만날 수 있기도 했다. 사실 마인드는 생전의 사람을 그럴 듯하게 재현하고, 가상의 반응을 보여줄 뿐이었지만, 사람들은 "그 사람이 살아 있다면 뭐라고 말을 해주었을까?"와 같은 질문의 답을 도서관에서 찾을 수 있었다.

「관내분실」의 주인공 지민의 엄마는 3년 전, 도서관에 기록되었다. 다시 말하자면, 지민의 엄마인 은하는 3년 전에 사망했다. 지민은 그 이후 도서관으로부터 여러 차례 엄마의 마인드와 관련된 공지를 받았다. 언제든 도서관에 가면 엄마의 마인드를 만날 수 있다는 사실을 알고 있었지만, 지민은 도서관을 찾아가지 않았다. 그러던 중, 지민은 도서관으로부터 엄마의 마인드 접근 경로를 '분실'했다는 연락을 받게 된다.

'관내분실'은 원래 책이 보관된 도서관 내에서, 외부 대출이 되지 않아 도서관 내에 존재하긴 하지만, 어디에 보관되어 있는지 찾을 수 없게 된 책에 부여되는 정보 기호를 의미한다. 지민의 엄마 마인드도 그런 셈이었다. 도서관 내 데이터베이스 어딘가에 존재하는 것은 확인되지만, 마인드에 접근할 수 있는 인덱스가 사라져서 마인드를 불러올 수가 없게 된 것이었다. 말하자면 지민의 엄마는 죽은 뒤에, 도서관 내에서 '실종'된 것이었다.

실종의 원인은 아버지 현욱이었던 것으로 밝혀진다. 현욱은 엄마가 마인드를 남기는 것도 거부했었는데, 훗날 마인드를 지워달라는 유언을 남겼다고 했다. 지민은 현욱 앞에서, 사실은 누구를 향한 것인지 모를 화를 내며 이렇게 말한다; "그렇게 엄마를 고립시키고, 완전히 죽지도 못한 채로 어디에도 연결되지 않은 사람으로 만들면서, 미안한 적이 없었어요? 후회한 적도?"(265쪽)

지민은 도서관 측과 함께 엄마의 마인드를 찾아내려 노력한다. 도서관의 연구원은 엄마의 유품들은 도서관 내에 어딘가에 있을 엄마의 데이터들과 기억을 자극하여 찾아낼 수 있게 할 요소가 될 것이라고 했다. 지민은 엄마의 마인드를 찾는 과정에서, 엄마의 유품이나 흔적이 이상할 정도로 남아 있지 않다는 것을 깨닫게 되었다. 엄마는 지민을 출산한 뒤에, 심각한 우울증을 겪었다. 엄마는 이미, 살아 있을 때에도 세계에서 분리되고, 격리되어 있었다.

지민은 엄마가 자신을 낳기 전에 종이책을 만드는 출판사의 표지 디자이너로 일했다는 사실을 알게 되고, 엄마가 디자인했던 책을 경로로 하여 엄마의 마인드를 다시 찾아냈다. 지민이 아이를 임신한 상태였기 때문이었을까. 지민은 마인드 접속기를 통해 만난 엄마의 모습을 한 이미지를 향해, "엄마를 이해해요."(271쪽)라고 말을 건넨다. 마인드가 재현해 낸 엄마 은하와 딸 지민이 손을 잡는 것으로 소설은 끝이 난다.

문화마다, 종교마다, 죽음을 대하는 방식은 조금씩 다르다. 대개의 경우, 죽음 이후의 장례 절차는 망인(亡人)은 기억하는 과정이면서, 동시에 그를 잊기 위한 역설적 과정이다. 망인을 기억하는 사람들이 모여 그에 대한 기억들을 떠올리며 이야기를 나누고, 추모의 인사를 나눈다. 망인의 육체는 매장되거나 화장함으로써, 지상의 현실 공간으로부터 사라져 간다. 전통 문화에서의 저승이나 황천, 불교에서 말하는 극락이나 기독교에서 말하는 천국은 모두 현실 세계와 분리된 공간이다. 불교와 힌두교에서는 죽은 사람이 다시 태어난다는 '윤회(輪迴)' 사상을 믿지만, 살아 있을 때의 가족이나 지인이 환생한 존재를 만날 수 있는 것은 아니다. 그렇다고 현실과 사후 세계 사이의 통로가 끊어져 있는 것은 아니다. 불교와 기독교에서 '천사(天使)'는 사후(死後) 세계와 현세, 혹은 신과 인간 사이를 오가며 뜻을 전달하는 존재로 그려진다.

매장하여 흙더미를 쌓아 올려 봉분을 만들거나 십자가를 세워두는 것, 납골당에 사진과 유품을 함께 모셔 두는 것은 살아 있는 이가 죽은 이를 기억하게 하는 상징물이 된다. 「관내분실」에서 도서관에 보관된 '마인드'는 데이터 시대에 걸맞은 SF적 상상력의 결과물이지만, 죽은 이를 기억할 수 있는 통로라는 점에서는 아주 새로운 것은 아니다.

죽은 이를 마치 실제 현실처럼 다시 만난다는 상상은 가상현실(VR) 기술이 발달한 현재, 전혀 터무니없는 것도 아니다. MBC TV에서 2020년 2월 이후, 몇 차례에 걸쳐 방송한 VR 휴먼다큐멘터리 〈너를 만났다〉 시리즈는 가상현실 기술과 인공지능 기술을 통해 죽은 엄마를, 혹은 죽은 아들을 만나는 장면을 보여주었다. 망인에 대한 기억, 망인을 촬영해 둔 영상과 사진은 데이터화되어 가상현실 이미지 속에서 움직이는 존재로 구현되었다.

〈너를 만났다〉는 방송된 후, 많은 화제를 불러일으켰다. 가상현실 기술에 놀라움을 표하는 사람도 있었고, 감동적이면서 슬픈 만남에 눈물을 펑펑 흘렸다는 사람도 있었다. 나도 죽은 누군가를 다시 만나고 싶다는 의견도 있었다. 그와 더불어, 윤리적이고 철학적인 문제를 제기하는 사람도 있었다.

오랜 세월에 걸쳐, 수많은 문화와 종교가 죽음 이후의 세계를 현실 세계와 분리시켜 놓으려 한 것은 삶과 죽음의 경계를 나누어 두어야 할 철학적, 윤리적 이유, 그리고 사회적 합의가 존재하기 때문일 것이다. 〈너를 만났다〉에서처럼 그것이 VR 헤드셋을 착용하고 특수 제작된 장갑을 껴야만 접할 수 있는 가상현실에 불과한 것일지라도, 혹은 「관내분실」에서처럼 의식과 영혼은 사라진 그럴 듯한 '마인드'의 재현에 불과한 것일지라도, 죽은 이를 다시 시청각적으로 만난다는 것은 그리 간단한 문제가 아니다. 심리적 부담과 충격이 동반될 경험일 수 있다.

「관내분실」에서 엄마 은하의 마인드가 아직 도서관에 보관되고 있을 때에도, 지민이 도서관을 찾아가지 않았던 것은 그런 부담감 때문이었을 것이다. 아버지 현욱은 아내 은하의 마인드가 실종되도록 도운 것에 대해, "그건 너무 진짜 같았다." 고 말하면서, "죽어서까지 나를 만나는 게 고통일 거라고 생각했어. 단 한 번이었지. 더는 만날 수가 없었다."(266쪽)라고 말한다. 아빠는 엄마가 죽어서도 자신을 만난 것이 고통일 것이라 말하고 있었지만, 아마도 너무나 진짜 같은 죽은 엄마를 다시 만나게 된 것이 아빠에게 고통스러웠을 수도 있다.

지민은 아빠의 판단이 틀렸다고 생각하면서, 엄마를 찾아 다시 만나기로 결심한다. 지민이 엄마를 다시 만나기로 한 것은 지민이 아이를 임신하고 있었기 때문이었을 것이다. 엄마가 자신을 출산하고 겪은 심리적 고통과 사회적 격리, 그리고 우울증은 결코 남의 일이 아닐 것이기 때문이었다. 지민은 비로소, 망인의 고통에 공감할 수 있게 되었고, 그 만남은 엄마의 지난 삶에 대한 위로이자 자신의 미래에 대해 스스로 전하는 응원이었을 것이다. 죽은 이를 만난다는 것은 데이터 기술이나 가상현실 기술뿐만이 아니라, 서로에 대한 충분한 공감과 용기가 필요한 일이다.

죽음이라는 생명의 증거

살아 있지 않았던 것은 죽음에 이를 수도 없다. 죽음은 살아 있었다는 증거이다. 김영하의 장편소설 『작별인사』*는 인간과 구분하기 힘들 정도의 휴머노이드 로봇이 등장한 미래사회를 배경으로 한 소설이다. 휴머노이드란, 로봇들 가운데에서도 겉모습이나 말투, 행동이 인간과 흡사하게 만들어진 로봇을 말한다. 이 소설을 읽다 보면, 삶과 죽음에 대한 질문이 거듭 머릿속에 떠오른다. 휴머노이드 로봇에게 죽음에 대한 공포란 존재할 것인가. 그들에겐 죽음은 어떤 의미일까. 생명이란 무엇이고, 삶의 가치란 무엇인가. 과연 인간다움이란 무엇일까.

『작별인사』는 먼 미래, 통일이 되었지만 내전 상태에 빠진 한국 사회가 배경이다. 정부는 무등록 휴머노이드들을 잡아들인다. 소설의 주인공 '나'는 로봇 회사인 휴먼매터스의 연구원인 아빠와 함께 살고 있으며, 철이라는 이름으로 불리는 소년이었다. 소설은 어느 날 철이가 죽어 있는 직박구리 한 마리를 발견하는 것에서 시작된다. 철이는 직박구리를 땅에 묻어주면

---

* 김영하, 『작별인사』, 복복서가, 2022. (이후 소설의 직접 인용은 괄호 안에 쪽수를 표기)

서, 가슴속에 치밀어오르는 묘한 감정을 느낀다. 그 감정은 슬픔인지, 죽음에 대한 두려움인지 명확하지 않았다.

그날 오후, 철이는 검은 제복을 입은 남자들에게 어디론가 끌려가게 된다. 그들에게 끌려간 곳은 무등록 휴머노이드의 수용소였다. 그곳에서 '나'는 복제인간 선이와 휴머노이드 로봇 민이를 만나게 된다. 철이는 그들과는 다른, 진짜 사람이라고 주장하면서, 언젠가 오해가 풀리고 아빠가 자신을 찾으러 올 것이라 믿는다. 그러나 철이는 오래지 않아서, 자신이 아주 정교하게 만들어진 휴머노이드 로봇이었다는 사실을 깨닫게 된다.

수용소에는 세 부류가 있었다. 스스로가 기계인 줄을 알고 있는 기계파 휴머노이드, 인간처럼 음식을 먹고 배설을 하는 것은 물론 인간의 모든 기능을 거의 그대로 흉내 낸 하이퍼 리얼 휴머노이드, 그리고 선이와 같은 인간의 복제품 클론들이었다. 복제인간은 인간의 생명 연장을 위한 장기를 만들어내기 위해 생산된 존재들이었다. 그들은 모두 과학기술이 만들어낸 새로운 인간, 즉 '포스트휴먼'들이었다.

수용소에서 경비 휴머노이드가 사라지고 전기 공급이 제한되자, 포스트휴먼들 사이에 폭력과 전투가 난무하게 된다. 민이와 선이, 그리고 '나(철이)'는 탈출을 하려 하지만, 결국 민이는 파괴되어 쓰러진다. 민이는 그저 망가진 기계가 된 것일까, 아니면 죽음에 이른 것일까? 겉으로는 그저 부서진 기계일 수 있겠지만, 선이는 쓰러진 민이를 안고 "죽지 마. 죽으면 안 돼."라고 외치며 절규한다. 민이의 망가진 육체를 붙들고 철이와 선이는 공포와 슬픔을 느낀다.

> 인간만은 죽음을 구체적으로 상상할 수 있기에, 죽음 이후도 필요 이상으로 두려워한다. 아빠와 함께 보았던 20세기의 영화 〈블레이드 러너〉에서도 죽음을 앞둔 휴머노이드들이 필멸의 운명을 피해보려 자신들의 '창조주'를 찾아가 삶을 연장해달라고, 다시 말해 죽음을 미뤄달라고 요구한다. 설계자들이 휴머노이드에게 죽음에 대한 공포라는 인간적인, 너무나 인간적인 요소를 프로그래밍한 것은 단지 그것들이 더 잘, 문제없이 오래 작동하기를 바라는 의도였지만, 그 결과로 이들은 궁지에 몰린 인간들처럼 잔인하고 무정하게 자기 생존을 도모하는 데에만 몰두하게 되었다. (107쪽)

선이는 독특한 생사관을 가지고 있었다. 인간이든 로봇이

든, 우주정신의 일부인 의식을 가지고 있다는 것이다. 선이는 "우주는 생명을 만들고 생명은 의식을 창조하고 의식은 영속한다."(100쪽)고 믿는다. 선이와 철이는 수용소를 탈출하면서 민이의 머리를 되찾아왔다. 민이의 머리엔 기억을 저장하는 장치가 있을 것이기에, 적절한 몸만 얻게 되고 다시 부품을 연결만 하면, 민이를 다시 살릴 수 있을 것이라 믿었다.

수용소를 탈출한 이후, 둘은 '달마'라 불리는 휴머노이드를 만나게 된다. 달마는 인간 세상을 멸종시킬 것을 꿈꾸는 로봇이었다. 달마는 인간이 휴머노이드를 만들어놓고, 그들을 다시 공격하고 괴롭히고 학대해 온 역사를 끝내야 한다고 주장한다. 인간들은 함께 살던 휴머노이드들이 어딘가 고장나거나 부러졌을 때, 노후된 휴머노이드를 안락사시키는 요양원으로 보냈다. 그러나 그곳은 얼마 후 휴머노이드 재활용 업체가 되고 말았다. 그곳이 폐로봇들로 가득 찼을 때, 생명을 유지하고 싶어하도록 프로그래밍되어 있었던 휴머노이드들은 스스로를 지키고 싶어했다. 결국 휴머노이드들은 잘 작동되지 않는 낡은 육체를 버리고, 의식만 클라우드 공간에 업로드된 후 서로를 네트워크로 연결시켰다. 일부는 인간의 공격으로 파괴되었지만, 업로드된 의식은 다시 살아날 수 있었고, 그들은 멸종을 앞둔 인간을 뛰어넘는 존재가 되어 갔다. 그들은 최고의 인공지능과 연결되어, 더 높은 수준의 인공지능을 설계할 수 있게 되었고, 최신형 로봇도 만들어냈다. 그 사이 인간은 점점 멸종의 길을 걷게 되었다.

소설의 결말부에 이르러, 인간의 세상은 소멸에 도달한다. 인간이 소멸한 것은 인공지능이나 로봇이 물리적인 공격을 해서도 아니었고, 외계인이 침공을 해서도 아니었다. 인간은 점차 로봇과 인공지능에 의지하게 되어, 번거로운 번식의 충동이나 어려운 지능의 활용조차 거추장스러워하게 되었다. 오로지 쾌락만 추구하는 환각 상태에 도달했다. 인간은 신선이 되었고, 그리고 곧 거의 멸종해 버렸다.

철이의 아빠였던 최박사는 뇌를 백업해 놓고 영생을 누리지 않겠냐는 제안에 대해, "인간의 존엄성은 죽음을 직시하는 데에서 온다."(268쪽)고 말한 바 있다. 죽음에 대한 두려움이 인간을 존엄하게 만들고, 치열하고 절실하게 삶을 견뎌내도록 만들었다는 것이다. 철이 역시 그런 깨달음을 얻게 되었다. 스스로 사람이라고 믿었을 때는 영화와 책에 빠져들곤 했지만, 자신이 휴머노이드이고 언제든지 의식을 백업해 놓을 수 있다는 사실을 알게 된 후, 철이는 무엇에도 감동이나 흥미를 느끼기 어려웠다. 인간은 "죽을 수밖에 없는 존재이기 때문에, 생이 한 번뿐이기 때문에 인간들에게는 모든 것이 절실했던 것"(276쪽)이었다. 복제인간이었던 선이마저도 생을 마감한 이후, 철이는 의식의 업로드 제안을 뿌리친 채 외롭게 살아가다가 곰의 공격을 받아 파괴되고 말았다. 그것이 인간 세계의 종말이었다.

김영하의 『작별인사』에서 직접 언급되고도 있지만, 〈블레이드 러너〉를 비롯한 SF 영화들과 소설들에서 진정한 인간다움이 무엇인가, 인간의 가치란 무엇인가를 성찰하게 하는 경우가 많다. 어쩌면 SF에 등장하는 로봇이나 휴머노이드는 결국 인간의 욕망을 반영한 것이고, '생명의 유한함'이라는 치명적 취약성을 가진 인간이 '죽지 않는 존재'를 만들어낸 성취의 결과물일 수도 있다. 그러나 인간은 자신이 만들어낸 존재가 자신보다 우월한 것을 인내할 수가 없고, 그것을 위협으로 느낄 수밖에 없었다. 그러다 보니 인간은 스스로 만든 로봇에 강제적인 유한성을 부여하기 위해 그들을 공격하거나 강제로 제압하려 들게 된다. 이때 인간은 폭력적인 존재로, 로봇은 자신을 보호하기에 급급한 오히려 더 인간적인 존재로 묘사되기도 한다. 그럴 때 SF는 생명을 소중하게 여기는 존재와 그렇지 않게 여기는 존재, 이 둘 중 어떤 존재가 '더 인간적인가?'라고 우리에게 묻는 듯하다.

『작별인사』의 철이가 끝내 달마의 제안을 뿌리치고, 취약함을 그대로 긴직한 채 파괴되고 마는 것은 철이가 '마지막 인간'의 모습이었음을 보여주는 장면이다. 인간을 인간답게 하는 것은, 바로 '죽음'으로 끝맺음에 이른다는 유한성이기 때문이다.

과거 제사장의 역할, 마법사의 역할, 과학이 대신하는 시대를 맞이하고 있다. 과학은 마치 인간의 취약함을, 유한함을 뛰어넘게 해줄 것처럼 전망을 내놓기도 한다. 그러나 코로나19 팬데믹이 우리에게 새삼 깨닫게 해준 것처럼, 인간의 과학은 아직 미비할 뿐이고, 인간은 취약한 존재일 뿐이다. 인간은 유한한 생명의 한계 덕분에, 다시 말해서 죽음에 도달할 것이기 때문에, 생명의 소중함과 인간의 존엄함을 진리로 받아들이며 살아왔다. 인간이 죽음에 대해 성찰하고 두려워할 때, 인간은 가치를 탐색하고 성찰할 수 있는 존재로 살아갈 수 있을 것이다.

07

미아스마(*miasma*)의 굴레*

—고대 그리스 비극에서의 죽음

이상덕

* 이 글은 필자의 논문, 「고대 그리스 비극에 나타난 미아
스마(*miasma*) 개념과 히포크라테스」, 『사총』, 106호(2022.05)
를 수정, 편집한 것이다.

미아스마(*miasma*)란 무엇인가?

미아스마라는 단어는 현대에는 생소한 단어가 되었지만, 19세기 초만 하더라도 콜레라와 같은 유행병을 설명하는데 자주 사용하던 개념이다. 유행병을 퍼뜨린다고 생각되었던 나쁜 공기를 당시에는 미아스마라고 불렀다. 이는 그리스어의 같은 단어 *miasma*(μίασμα)가 그 어원이며, 그 동사형은 물리적으로 '더러워지게하다', '오염시키다'를 뜻하기도 하지만 도덕적으로 '죄를 짓다'의 뜻으로 사용되었다. 옥스퍼드대학교의 로버트 파커(Robert Parker) 교수는 고대 그리스의 미아스마에 관한 방대한 연구, 『미아스마-고대 그리스 종교에서의 오염과 정화 (*Miasma; Pollution and Purification in Early Greek Religion*)』에서 고대 그리스에서 미아스마가 얼마나 넓은 의미로 사용되었는지 설명했다. 이는 단순히 더러운 공기를 뜻하는 것이 아니라, 오염된 기운, 운명, 더 나아가 죄를 뜻하기도 했다. 특히 미아스마는 살해의 죄를 지었을 때 주로 생기는 것으로 생각되어 신의 분노, 징벌 등을 불러일으키는 원인으로 묘사되었다. 그리스 비극에서의 미아스마는 죽음이 오염을 일으키고 그 오염이 정화되지 않는 한 다음 세대로 이어져 극복되지 않는다는 인생의 굴레를 보여주었다. 이를 이해하는 것은 당대인들이 화(禍, 재앙)를 어떻게 이해했는지 아는데 중요한 열쇠가 된다. 특히 비극은 배우의 입을 통해 당대인들이 공유하는 이해를 말하고, 관중의 공감을 얻어야 하는 장르로서 미아스마에 대한 이해를 가장 잘 보여준다. 아이스킬로스, 에우리피데스, 소포클레스의 비극에서 미아스마라는 단어를 어떻게 사용하였는지 알아봄으로써 기원전 5세기의 그리스인들이 일반적으로 미아스마를 어떻게 이해했는지, 그 원인과 영향, 그리고 해결 방법 등을 어떻게 제시했는지 포괄적으로 확인할 수 있을 것이다. 세 작가의 비극 작품에서 미아스마가 어떤 맥락에서 사용되는지, 그리고 이 단어에 대한 등장인물들의 태도가 어떠한지 살펴보고, 이를 통해 그리스 비극 작품 안에서의 죽음이 미아스마로 서로 연결되는 맥락, 그 미아스마가 완전히 정화되지 않는 한 고통의 굴레가 끝나지 않는다는 비극의 섭리를 알아보자.

아이스킬로스

아이스킬로스는 대략 기원전 525/524년에서 456/455년까지 산 인물로 그리스의 대표적인 세 명의 비극작가 중 가장 앞선 시기의 인물이다. 그의 작품 중 먼저 다룰 작품은 기원전 467년 공연된 〈테바이를 공격한 일곱 장수〉다. 이 작품에서 오이디푸스의 저주를 받은 두 아들, 에테오클레스와 폴리네이케스는 서로를 죽이는 운명에 놓인다. 에테오클레스가 폴리네이케스를 비난하며 공격할 것이라 말하자 코로스(테바이의 처녀들)는 이를 말린다.

> 가장 사랑하는 전사여, 오이디푸스의 아들이여,
>
> 가장 나쁜 말을 하는 당신 동생의 기질을 닮지 마세요.
>
> 카드모스의 자손들이 아르고스인들과
>
> 싸우는 것만으로 충분해요.
>
> 거기서 흘린 피는 보상받을 수 있어요.
>
> 그렇지만 두 형제가 서로 죽이면

아무리 시간이 지나도 그 미아스마는 지워지지 않을 거예요.

(677-682)

"거기서 흘린 피는 보상 받을 수 있"다고 했는데, 여기서 쓰인 단어는 카타르시오스(καθάρσιος)로 정화를 뜻한다. 즉, 두 민족이 싸우는 것은 속죄가 가능하다는 뜻이다. 그러나 코로스는 두 형제가 서로 죽이면 그 미아스마는 지워지지 않을 것이라고 경고한다. 여기서 미아스마는 특히 형제 간에 유혈사태가 일어났을 때 생기는, 정화되기 어려운 무거운 죄다.

아이스킬로스의 〈탄원하는 여인들〉은 기원전 463년경 공연되었다. 이 작품에서 코로스로 등장하는 다나오스의 50명의 딸들은 아이귑토스의 50명의 아들들이 구혼을 하자 이를 피해 이집트로부터 아르고스로 와서 아르고스의 왕 펠라스고스에게 망명을 요청한다. 왕은 아이귑토스의 아들들도 무섭지만, 망명 요청을 거절할 경우 다나오스의 딸들이 자살한다고 하자 그 죽음으로 인한 오염이 더 두렵다. 왕은 민회에서 시민들을 설득해 만장일치로 망명을 허용한다. 그리고 이 결정을 다나오스가 딸들에게 전하는 장면에서 미아스마라는 단어가 사용

된다.

> 그만큼 왕 펠라스고스는 우리에게 유리한 말을 해주었지.
> 그는 탄원자의 보호자이신 제우스께서
> 크게 화를 내실 거라며, 앞으로 이 도시는 그분의
> 화를 키우는 어떤 일도 하지 말라고 경고했지.
> 이는 도시가 손님과 시민 모두에 대해 횡포를 저지르는 것으로
> 마르지 않는 고통의 근원이 된다고 했지. (615-620)

이 부분에서 펠라스고스는 시민들에게 다나오스의 50명의 딸들의 망명을 허용해야 하는 이유로, 탄원자를 거부하면 제우스가 노여워하여 화가 있을 것이기 때문이라고 한다. 도시가 손님과 시민에게 동시에 미아스마(횡포)를 저지르면 치유할 수 있는 방법이 없는(아메카논, *άμήχανον*) 화를 초래하여 마르지 않는 고통의 근원이 된다고 한 것이다. 여기서 미아스마는 탄원자를 받아들이지 않는 것 그 자체, 그리고 더 나아가 탄원자를 거부하여 탄원자들이 죽을 경우, 이에 따르는 오염을 말한다. 이런 "횡포"를 저지를 경우 이는 치유될 수 없기 때문에, 그런 실수를 해서는 안 된다. 이 부분에서 미아스마는 도시 전

체에도 적용될 수 있다는 것을 알 수 있다.

기원전 458년 공연된 오레스테이아 3부작에서는 미아스마 개념이 시리즈의 동력이 된다. 그 첫 작품인 〈아가멤논〉에서 아가멤논이 아르고스로 돌아왔을 때 클리타임네스트라는 그녀의 정부 아이기스토스와 함께 있다. 그녀는 아가멤논이 10년 전 트로이로 떠날 때 희생제물로 딸 이피게네이아를 바친 것을 용서할 수 없고, 아이기스토스는 아가멤논이 그의 아버지 아트레우스를 추방하고 그의 형들을 살해한 것에 대해 복수하고자 한다. 클리타임네스트라는 결국 아가멤논을 도끼로 죽이고 코로스가 아가멤논의 아들 오레스테스가 훗날 복수할 것을 암시하며 극이 끝난다.

> 그렇다면 어찌하여 당신은 비겁하게도 여기 이 분을
> 당신 손으로 죽이지 않고, 여자를 시켜 살해함으로써
> 이 나라와 이 나라의 신들을 모독했단 말인가?
> 아, 오레스테스가 어디선가 살아서 태양을 보고 있다면,
> 행운의 인도를 받아 이곳으로 돌아와
> 이 두 남녀를 죽이고 승리할 수 있을 텐데.   (1643-1648)

여기서 아가멤논을 살해한 행위는 그 나라의 미아스마가 된다. 오레스테스는 살해자들을 살해할 때에 강한 힘을 얻게 될 것이다. 살해자라는 단어는 포네우스(φονεύς)인데, 이 단어의 동사형은 포노오(φονόω)로 '피로써 물들이다'라는 뜻이다. 결국, 미아스마는 살해자들의 피로써 정화해야 한다. 이렇게 첫 작품에서의 미아스마가 나머지 두 작품에까지 연결되는 것이다.

오레스테이아의 두 번째 작품은 〈제주를 바치는 여인들〉이다. 이 작품에서 오레스테스는 청년이 되어 등장한다. 오레스테스는 아버지 아가멤논의 무덤을 찾아갔다가 누이 엘렉트라와 재회하게 된다. 그녀에게서 비극의 전모를 들은 그는 아이기스토스와 어머니 클리타임네스트라를 살해한다. 이 살해에 대해 오레스테스는 다음과 같이 해명한다.

> 아직 제정신일 때 친구들에게 말해 두고 싶소.
> 내가 어머니를 죽인 것은 정당한 행동이었소.
> 어머니는 아버지를 죽이고 신들의 미움을 샀던 것이오.
> 그리고 누구보다 퓌토의 예언자 록시아스께서
> 내게 이런 행동을 하도록 촉구하셨소.
> 그분이 말씀하시길,

나는 살인을 하더라도 벌 받지 않을 것이라 하셨소.

하지만 그렇게 하지 않으면 - 그 벌에 관해서는 말하지 않겠소.

누구도 말의 활로는 그 고통을 적중할 수 없어요. (1026-1034)

오레스테스의 어머니 클리타임네스트라는 남편 살해의 미아스마를 저지르고 신의 미움을 샀다. 그래서 아폴론은 만약에 오레스테스가 어머니를 살해한다고 해도 그 나쁜 짓으로 인해 책임질 일은 없다고 한 것이다. 반대로 어머니를 살해하지 않을 경우, 활의 고통에 비교할 수 없는 재앙이 닥칠 것이라고 했다. 남편 살해의 미아스마는 오레스테이아 3부작을 관통하는 테마이며, 미아스마를 미아스마로 갚을 수밖에 없는 비극을 보여준다.

오레스테이아 3부작의 마지막 작품 〈자비로운 여신들〉에서는 클리타임네스트라의 혼백이 복수의 여신들을 불러내어 오레스테스를 쫓아다니도록 한다. 오레스테스는 델포이의 아폴론 신전에 가서 신탁을 받는데, 아폴론은 그에게 아테네에서 재판을 받으라고 한다. 오레스테스는 아테네에서의 재판과 아테나의 도움으로 무죄를 인정받는다. 이에 격분한 복수의 여신들이 아테네에 재앙을 내리겠다고 하는데, 아테나 여신이 이들을 "자비로운 여신"이 되도록 설득한다. 다음의 장면은 아테네에 도착한 오레스테스가 복수의 여신들에게 하는 말이다.

> 이제 피는 잠들고 내 손에서 말라 버렸으며,
>
> 어머니 살해의 오염은 씻겨 나갔소. 오염이 신선할 때,
>
> 포이보스 신의 화롯가에서
>
> 새끼 돼지 제물로 정화되고, 제거되었소.
>
> 내가 얼마나 많은 사람들을 만났는지
>
> - 그분들은 나와 만났어도 해를 입지 않았소 -
>
> 처음부터 시작하자면 이야기가 길어질 것이오. (276-285)

오레스테스는 자신의 미아스마가 물로 씻겨 나갔다는 표현을 쓴다. 또한, 새끼 돼지의 피로써 자신이 정화되었다고 한다. 그가 정화되었음은 다른 사람을 만나도 해가 되지 않았다는 점에서 확인된다. 그가 정화되었다는 것은 미아스마가 극복되었음을 뜻하며, 극이 평화롭게 마무리될 것을 암시한다.

아이스킬로스의 비극에 등장하는 전통적인 미아스마의 개념은 신의 미움을 살 만한 행동이다. 이는 정화를 통해 극복될 수 있다. 특히 오레스테이아 3부작에서 드러나는 아르고스 왕

가의 존속살인 미아스마는 강렬하다. 이는 아테네의 재판을 통해 극복된다는 아테네 찬양의 의미가 있지만, 그 이전에 유혈사태에 기인한 미아스마의 개념을 구체적으로 보여주고 있다. 기원전 5세기 후반이 되면 이러한 전통적 이해가 발전하여 미아스마를 단절하는 방법에 대한 고민으로 이어진다.

소포클레스

소포클레스(기원전 497/6–406/5)의 오이디푸스 왕가 이야기에도 미아스마가 깊이 자리하고 있다. 기원전 441년 공연된 〈안티고네〉는 〈오이디푸스 왕〉에 이어지는 이야기다. 오이디푸스의 두 아들 에테오클레스와 폴리네이케스가 형제의 난 끝에 둘 다 죽자, 새롭게 테바이의 왕이 된 크레온은 다른 나라 군대를 끌고 테바이를 친 폴리네이케스의 시신을 매장하지 못하도록 명령한다. 그럼에도 불구하고 오라비의 시신을 매장하려 한 안티고네는 크레온 앞에 끌려온다. 크레온은 다음과 같이 안티고네를 가두라고 명한다.

사람의 발길이 닿지 않는 곳으로

그녀를 끌고 가 산 채로 석굴에 가두되,

온 도시가 오염되는 일이 없도록 우리가

죄를 받지 않을 만큼의 음식을 넣어줄 것이오.   (773-776)

　여기서도 죽음의 미아스마가 보인다. 안티고네가 테바이의 형벌에 의해 죽을 경우, 그 미아스마가 테바이 전체에 퍼질 것을 두려워하는 왕의 모습이 그려지는 것이다. 죽음 때문에 미아스마가 생긴다는 믿음은 여전하다. 그러나 크레온은 극의 마지막까지도 폴리네이케스를 매장하는 것에 반대한다.

하지만 그자를 당신들은 무덤에 묻지 못할 것이오.

설령 제우스의 독수리들이 그를 낚아채어 먹이로

제우스의 왕좌로 가져가려 한다 해도, 나는 죄가 두려워

당신을 매장할 수 있게 하지 않을 것이오.

왜냐하면 신들을 오염시키는 일은 어떤 인간도

할 수 없다는 것을 알고 있기 때문이오.   (1037-1044)

　그러나 결국 크레온의 아들과 아내가 죽는다. 크레온이 미아스마를 대하는 태도는 아이스킬로스가 묘사한 아테네 사람

들의 태도와 상반된다. 아테네인들은 오레스테스의 미아스마를 구제하려 재판을 따로 열어주었던 데 반해 크레온은 자신과 자신의 나라에 그 오염이 전파될까 두려워 결국 자신의 가문에 화를 자초한 것이다.

기원전 429년 공연된 유명한 작품 〈오이디푸스 왕〉에서는 이미 미아스마 때문에 테바이 전역에 전염병이 퍼진 상태다. 테바이의 왕 오이디푸스는 그의 처남 크레온을 보내 델포이에 있는 신탁에 테바이를 휩쓸고 있는 전염병에 대한 조언을 구한다. 그러자 크레온은 그들의 전 왕 라이오스를 살해한 사람이 아직 잡히지 않았기 때문이라고 보고한다.

> 그렇다면 내가 신께 들은 것을 아뢰지요.
> 포이보스 왕께서 우리에게 분명히 말씀하셨습니다.
> 이 땅의 오염을 몰아내라고,
> 치유할 수 없을 때까지 두지 말라고. (95-98)

이 부분에서 미아스마를 가지고 있는 것은 속격으로 표현된 땅 혹은 그 나라다. 사람만 오염될 수 있는 것이 아니라 나라도 오염될 수 있다는 생각은 소포클레스도 마찬가지다. 이미 테바이는 오염되어 있다. 그래서 전염병이 돌고 있는 것이다. 오이디푸스는 살인자를 찾아내겠다고 맹세하고 역병을 일으킨 그를 저주한다. 오이디푸스는 눈먼 예언자 테이레시아스를 불러 도움을 청한다.

> 당신 자신과 나라를 구하고 나를 구하고
> 살해자로부터 보호해 주시오.
> 우리 운명이 당신에게 달렸소. 모든 방법과 힘을 다해
> 남을 돕는 것보다 더 훌륭한 일이 어디 있겠소. (310-315)

테이레시아스도 그를 미아스마로부터 보호해주지는 못한다. 오이디푸스는 진실을 알기 위해서라며(다시 말해, 아폴론의 신탁이 이루어질까봐) 자신을 키워주었던 양치기를 불러오지만, 그와의 대화에서 그를 두렵게 하는 진짜 원인이 드러난다.

> 부모님 때문에 오염이 될까 두렵다는 말씀인가요? (1012)

이 부분의 그리스어를 보면 부모님에게 속해 있는 미아스마가 자신에게 전파되지 않을까 두려워한다고 이해하는 것이 맞

을 것이다. 그의 예감은 적중하였다. 마침내 모든 것이 밝혀지고 오이디푸스는 무대를 떠나기 전에 자신과 운명을 저주한다. 이오카스테는 침실에서 목을 매었다. 고뇌에 찬 오이디푸스는 왕궁에 들어가 자신의 손으로 이오카스테를 죽일 수 있도록 칼을 가져오라고 신하들에게 명령했다. 그러나 이미 죽은 여왕을 발견한 오이디푸스는 그녀의 드레스에서 긴 금핀을 빼 자신의 눈을 도려낸다. 눈먼 왕은 궁전을 나와 추방시켜 달라고 애원한다. 크레온은 신탁이 최선의 방법을 알려줄 때까지 오이디푸스를 집에 머물게 할 것이라고 말하면서 들어간다. 오이디푸스의 두 딸인 안티고네와 이스메네는 쫓겨나고, 오이디푸스는 저주받은 집안에서 태어난 것을 한탄한다. 소포클레스의 미아스마는 해결이 어려워서 피하고자 하는 것, 즉 자신의 비극적인 운명이 된다.

에우리피데스

에우리피데스는 기원전 480년에서 406년까지 산 인물로 소포클레스와 활동 시기가 비슷하다. 기원전 438년 공연된 〈알케스티스〉는 비극적인 주인공 알케스티스의 이야기이다. 그

녀는 이기적인 남편 아드메토스의 곁을 떠나 생을 마감하는
데, 그녀가 죽은 후에야 그녀의 소중함을 깨달은 아드메토스
에게 헤라클레스가 죽음의 신으로부터 알케스티스를 빼앗아
돌려준다. 미아스마가 등장하는 부분은 극의 초입으로 아폴론
이 죽음의 미아스마를 피해 떠나는 장면이다.

> 그러나 나는 이 집에 있다가 죽음에 오염되지 않도록
>
> 내가 가장 사랑하는 집을 두고 떠나는 길이다.
>
> 벌써 저기 죽음과 죽음의 여사제가
>
> 근처로 다가오고 있는 것이 보인다
>
> 그녀는 하데스의 집으로 내려가도록 운명지어졌기에.
>
> 그는 그녀가 죽어야 하는 이 날을 기다리며
>
> 지키고 섰다가 때맞춰 오는구나. (22-27)

　죽음의 신이 다가오는 것을 보자 아폴론은 자신도 신이면서
미아스마를 피하기 위해 그 자리를 떠난다. 에우리피데스는
이처럼 신들조차도 미아스마를 피하려 하는 모습을 자주 보여
준다.
　기원전 428년 공연된 〈히폴리토스〉에도 유사한 장면이 나

온다. 그 장면은 마지막에 나오므로 먼저 그 내용을 살펴보자. 연극은 펠로폰네소스 반도 북동부의 해안 마을인 트로이젠을 배경으로 한다. 아테네의 왕 테세우스는 현지의 왕과 그의 아들들을 살해한 후 1년 동안 자발적으로 망명 생활을 하고 있다. 그의 사생아는 테세우스가 아마존 히폴리타를 강간한 결과 태어난 히폴리토스다. 연극의 시작에서 사랑의 여신 아프로디테는 히폴리토스가 순결을 맹세하고 그녀를 숭배하기를 거부했다고 하면서, 그가 대신 사냥의 여신 아르테미스를 경배하기로 했다고 한다. 이로 인해 그녀는 히폴리토스에 대한 복수 계획을 실행에 옮기기 시작한다. 아프로디테는 히폴리토스의 계모인 파이드라에게 영감을 주어 그를 사랑하도록 했다. 테세우스의 아내 파이드라는 3일 동안 먹지도, 자지도 못한 상태다. 병에 걸린 파이드라가 유모와 함께 나타난다. 파이드라는 마침내 자신이 아픈 이유를 고백하는데, 그녀가 히폴리토스에게 사랑에 빠진 것이다. 유모는 히폴리토스에게 파이드라의 욕망을 알리고 히폴리토스에게 그녀를 받아주라고 제안한다. 그는 맹렬한 조롱으로 반응하고 아버지 테세우스가 도착하는 즉시 모든 것을 알리겠다고 위협한다. 파이드라는 자신의 운명을 깨닫고 자살한다. 테세우스는 돌아와 아내의 시체를 발견한다. 테세우스는 파이드라가 히폴리토스에게 강간당했다고 거짓으로 주장하는 편지를 발견한다. 분노한 테세우스는 아들을 저주하여 죽거나 추방시키도록 한다. 저주를 이루기 위해 테세우스는 아버지 포세이돈에게 부탁한다. 히폴리토스는 자신의 결백을 주장하며 항의하지만, 테세우스는 그의 아들을 믿지 않고 그를 추방한다. 한 전령이 들어와 테세우스에게 끔찍한 장면을 설명하며, 히폴리토스는 죽어 가는 것 같다고 전한다. 전령은 히폴리토스의 결백을 주장하지만 테세우스는 그의 말도 믿지 않는다. 테세우스는 히폴리토스가 고통을 받고 죽어 가는 것을 기뻐한다. 그러나 여신 아르테미스가 나타나 테세우스에게 자신의 아들을 죽인 죄를 나무라며 분노한다. 그녀는 잔인하게 그에게 진실을 말하며 아프로디테가 모든 고통의 배후에 있었다고 말한다. 극의 마지막에 히폴리토스는 아버지를 용서하면서 죽는다.

이 작품에서는 미아스마가 가장 중요한 개념이다. 오염 원인을 명확하게 알고 이를 해결해야 하는데 테세우스가 순수한 히폴리토스를 오염으로 인식하면서 문제가 발생한다. 아프로디테는 극의 초반 테세우스의 미아스마가 문제의 원인임을 명시한다.

테세우스는 팔라스의 아들들을 죽인

미아스마를 피하기 위해 케크롭스의 땅을 떠나

아내와 함께 배를 타고 이 땅에 와서

일 년 동안 자진해서 망명 생활을 했는데,

바로 그때부터 그녀는 안타깝게도 사랑의 가시에 찔려

한숨을 쉬며 시들어간다. 하지만 그녀가 왜 그런지 말하지

않으니 시종들은 아무도 그녀의 고통을 모른다. (34-40)

흥미로운 점은 파이드라가 미아스마라는 단어를 뒤에 다시 한 번 사용한다는 점이다. 히폴리토스에 대한 사랑으로 파이드라가 계속 굶자 유모는 파이드라에게 그녀가 죽으면 그녀의 아들들이 배척을 당할 것이라며 마음을 굳게 먹으라고 설득한다. 유모가 "마님의 손에 피가 묻지는 않았겠지요?"라고 묻자 파이드라가 다음과 같이 대답한다.

손은 깨끗해요. 마음이 오염됐을 뿐이지. (317)

마음에 미아스마가 있다는 것은 죄책감을 표현한다. 이는 행위로 인해 생긴 진짜 미아스마와 대비된다. 그녀는 손은 깨

끗하다고 말하고 있다. 이는 1379-1381행에서도 잘 드러난다. 여기서 히폴리토스는 옛 선조들이 저지른 "미아스마로 인한" 불운이 자신에게 덮쳤다고 말한다. 여기서 사용된 그리스어 단어는 "미아스마를 행하다"(*miaiphoneo*)는 동사형의 형용사형이다. 미아스마의 동사형인 미아이노(*miaino*)와 "살해하다"의 뜻인 포네우오(*phoneuo*)가 합쳐진 이 단어는 미아스마가 살해를 통해 생긴다는 이해를 강화한다.

극의 마지막에 아르테미스가 신이면서도 미아스마를 피하려고 하는 장면이 나온다.

> 자, 편히 가거라! 나는 죽은 자들을 보아서도 안 되며,
>
> 죽어 가는 자들의 입김이 눈에 들어가도 안 된다. (1437-1438)

미아스마는 살해의 죄뿐만 아니라, 죽음 그 자체에도 있는 것으로 여겨진다. 특히 그 죽음이 친족을 살해한 것이라면 그 오염의 정도가 더 컸던 것으로 보인다. 이는 〈타우리케의 이피게네이아〉에서도 보인다. 이 작품에서 아가멤논이 이피게네이아를 희생제사에 바칠 때 아르테미스가 그녀를 구한 것으로 나온다. 그녀는 크림반도의 타우리케로 가서 아르테미스

의 여사제로 살게 되는데, 그녀의 오라비인 오레스테스와 그의 친구 필라데스가 아폴론의 명령에 따라 아르테미스 여신상을 훔치러 오게 되고, 그들은 서로를 알아보게 된다. 이피게네이아는 오염된 자들이 만진 신상을 바닷물로 정화해야 한다고 타우로이 족의 왕을 속이고 오레스테스와 함께 탈출하여 그리스로 돌아간다. 왕이 신전으로부터 여신상을 들고 나오는 이피게네이아에게 두 이방인의 오염을 어떻게 알았냐고 물었을 때, 그녀는 신상이 스스로 등을 돌린 것을 보고 알았다고 한다. 여신마저 거부한 이들을 심문하여 이들이 어머니를 죽였다는 사실을 알게 되었다고 말하자(1173) 왕은 야만족도 그런 짓은 할 수 없었을 것이라며 놀란다(1179).

마지막으로 다룰 〈오레스테스〉는 에우리피데스의 후기 작품으로(기원전 408년) 이러한 이해를 종합적으로 다룬다. 오레스테스는 아이스킬로스에게도 그러했듯이 미아스마의 연속을 단절시키는 인물이다. 먼저 클리타임네스트라의 아버지 틴다레오스는 손자에게 미아스마의 단절을 설명한다.

우리 선조들은 이런 일들을 잘 정리해 주셨단다.

그분들은, 남의 피로 오염된 자는 누구든

보지도, 만나지도 못하게 하셨는데,

대신 그들을 죽이는 대신 추방함으로써

자신을 정화하게 하셨지

그렇게 하지 않으면 마지막 살인으로 제 손이 오염된 사람도

결국 살해당하고 말 테니까. (512-517)

피로 오염된 자를 피로 복수하는 것은 절대로 끝나지 않기에 추방을 그 대책으로 마련했다는 것이다. 어떤 식으로도 오레스테스가 어머니를 살해한 것은 정당화될 수 없다는 것이다. 이에 대해 오레스테스는 자신의 입장을 항변한다.

잘못은 저에게가 아니라 그분에게 있어요.

제가 어떻게 했어야지요?

신의 권위만으로는 오염에서 벗어날 수 없다는 건가요?

저에게 그렇게 하도록 명령하신 신이

저를 죽음에서 구해주시지 않는다면

저는 어디서 피난처를 구하죠? (596-599)

미아스마는 피로써 갚아서는 안 된다는 틴다레오스의 말에 답답한 오레스테스는 신의 권위를 내세워도 정화가 불가능할 것이라며 어깃장을 놓는다. 실제로 오레스테스의 미아스마는 아폴론이, 자신이 미아스마의 원인이었다는 것, 어머니를 죽이도록 오레스테스를 강요한 것이 자신이었다는 것을 시인하면서 해결한다(1665). 미아스마의 단절은 신을 통해서만 가능하다. 그러나 신마저도 미아스마와 가까이하기를 꺼리며, 단절하기가 어렵다.

세 작가의 미아스마 사이에는 큰 차이는 없다. 이들은 미아스마에 관한 이해를 오히려 공유하고 있다. 미아스마는 죄, 특히 유혈사태로 인한 오염이며, 이는 정화되어야 한다. 그러나 미아스마는 또한 복수의 시작이라 이 운명은 단절하기 어렵다. 미아스마는 한 개인에게 생길 수도 있지만, 가문 혹은 나라에 생길 수도 있다. 어떤 불운이 닥쳤을 때 이를 미아스마로 이해하고 정화를 통해 불운을 단절하려는 노력은 그리스 세계에 일반적인 이해였던 것으로 보인다.

인생의 굴레, 죽음

미아스마(*miasma*, 오염)는 19세기 중엽 콜레라를 설명하기 위해 사용된 개념이었다. 장기설이라고 번역되는 이 미아스마 이론은 나쁜 공기, 즉 미아스마 때문에 유행병이 돈다고 설명했다. 고대 그리스인들도 미아스마 때문에 나쁜 운명이 결정된다고 믿었다. 이는 전염병을 포함하는, 그러나 더 넓은 개념이었다. 아이스킬로스, 소포클레스, 에우리피데스 등의 비극 작가들은 나쁜 운명의 원인이 되는 미아스마와 그 영향, 그리고 이를 극복하거나 후대에 이어지지 않도록 단절하는 방법 등을 고민했다. 이들에게 있어 미아스마는 피를 흘린 경우, 즉 살해가 행해진 경우에 생기는 것이었다. 이는 피로써 복수되어야 하는 것이기도 했지만, 연속된 미아스마는 영원히 지속될 수밖에 없는 속성을 띠었다. 그래서 미아스마는 운명의 굴레였으며, 단절되어야 하는 것이었다. 이는 정화의식을 통해서 단절되거나, 그리고 신의 능력으로 가능했다. 그러나 가장 현명한 단절의 방법으로는 인간의 방법인 추방을 제시했다.

인간이 어찌할 수 없는 죽음과 복수, 오염의 굴레에서 고대 그리스의 비극작가들이 고안한 인간적인 해결의 방법은 신을 두려워하고 불가해한 세계를 경외하면서도 인간의 지혜를 최우선으로 두었던 인문주의적인 그리스인들의 심성을 보여준다. 미아스마에 대한 전통적 이해는 완전히 극복되지는 못했지만, 꾸준히 비판과 풍자의 대상, 혹은 이해의 방법이 되며 오늘날에 이르렀다.

08

두 영웅의 죽음 이야기

—호메로스의 『일리아스』에서의 죽음

이상덕

호메로스의『일리아스』와 죽음

기원전 8세기의 서사시인 호메로스의『일리아스』를 트로이아와 아카이아(그리스)의 전쟁 이야기로만 알고 있는 경우가 많지만, 이를 자세히 들여다보면 마침내 두 영웅의 죽음으로 향해 가는 이야기다. 그리스의 영웅 아킬레우스의 분노로 시작된 이 이야기에서 사실 아킬레우스의 죽음은 묘사되지 않는다. 다만, 아킬레우스의 친구 파트로클로스가 트로이아의 영웅 헥토르에 의해 죽고, 이에 대한 복수로 아킬레우스가 헥토르를 죽이는 과정이 이야기의 클라이맥스가 된다. 총 24권으로 되어 있는 이 책에서 파트로클로스의 죽음은 16권에서, 헥토르의 죽음은 22권에서 다루어지며, 이들의 장례식이 각각 23권과 24권에서 다루어지면서 책이 끝난다. 심지어 책의 마지막 문장은 "이렇게 그들은 말을 훈련하는 헥토르의 장례식을 치렀다"이다. 죽음은 『일리아스』에서 다루고 있는 핵심적인 개념으로, 인간이 피할 수 없는 숙명이자 고통이다. 전쟁의 영광을 위해 영웅은 죽음을 불사하며, 영웅의 죽음을 애도하는 것은 남은 자들의 과제가 된다. 남은 자들은 자신들의 슬픔을 해소하고, 죽은 영혼을 저승으로 편하게 보내기 위해 장례를 치른다. 이러한 청동기의(적어도 기원전 8세기의) 죽음 인식에 대한 인식이 『일리아스』에 녹아 있는 것이다. 그리스인 영웅 파트로클로스의 죽음과 트로이아인 영웅 헥토르의 죽음, 그리고 이들을 애도하는 파트로클로스의 친구 아킬레우스와 헥토르의 아버지 프리아모스를 비교해 보면서 이 시기의 죽음을 더 깊이 이해해 보도록 한다.

파트로클로스의 죽음

16권의 시작에서 그리스는 트로이아에 밀리고 있는 상황이다. 트로이아군은 그리스 함선이 정박한 해안까지 밀고 내려왔다. 그러나 아킬레우스는 아가멤논에 대한 분노로 전쟁에 나서길 끝내 거부한다. 파트로클로스는 결국 아킬레우스의 무구라도 빌려 입고 나가면 상대가 겁에 질릴 것이라며 무구를 빌려달라고 설득한다. 극의 해설자는 파트로클로스의 이러한 행동이 죽음을 자청하는 어리석은 것이었다고 비통해 한다 (16.46-47). 아킬레우스는 무구를 빌려주면서도 친구에게 닥칠 운명이 두려워 그에게 조심하라고 당부한다. 함선만 구하고 돌아오라는 것이었다(16.91-96). 그러나 파트로클로스의 운명은 정해져 있었던 것, 그는 네 번이나 거듭 적에게 덤벼들어 결국 아폴론의 분노를 사고 만다(16.787-790). 아폴론은 파트로클로스의 등과 어깨를 먼저 가격하여 정신을 혼미하게 만들고, 그의 투구, 창, 방패, 멜빵, 가슴받이를 차례로 쳐서 떨어뜨렸다(16.791-804). 결국 사지가 풀린 파트로클로스의 양어깨 사이를 트로이아 측의 전사 에우포르보스가 창으로 찔렀다(16.801-807). 그러나 이것이 성공하지 못하자, 트로이아의 왕자 헥토르가 나선다.

> 그러나 헥토르는 담대한 파트로클로스가
> 날카로운 청동에 맞아 후퇴하는 것을 보자
> 대열을 뚫고 그에게 가까이 가서 창으로 그의 배 쪽을 찔러
> 그 청동으로 관통시켰다.
> 그러자 그는 쿵 하고 쓰러졌고

이는 아카이오이족에게 큰 슬픔을 안겨주었다.

마치 사자가 지칠 줄 모르는 멧돼지를 제압하듯이.

조그마한 샘물을 서로 마시고 싶어서

이들이 산 위에서 거센 기세로 싸울 때,

멧돼지가 거친 숨을 몰아쉬어도 사자의 힘으로 제압하듯이

(16.818-826)

헥토르가 파트로클로스를 죽이는 장면에서 헥토르는 파트로클로스를 마침내 압도하는 힘을 가졌지만, 신의 도움을 받았고, 파트로클로스를 처음으로 공격한 사람도 아니라는 점에서 한계를 지닌다. 『일리아스』 안에서 완벽히 인간의 힘만으로 영웅이 죽는 경우는 없다. 이는 뒤에서 보게 될, 아킬레우스가 헥토르를 죽이는 장면에서도 마찬가지다. 인간은 자신의 의지로 영예를 차지하게 되는 줄 알지만 사실 그 뒤에서 신들은 인간의 운명을 놓고 또 다른 전쟁을 펼치고 있다. 파트로클로스는 아직 숨이 붙어 있을 때, 헥토르도 자신의 친구 아킬레우스의 손에 곧 죽게 될 것이라고 저주하고(16.852-854) 죽음을 맞이한다. 그가 헥토르의 죽음을 예고했듯이, 그의 죽음과 뒤에 나오는 헥토르의 죽음은 똑같은 구절로 표현된다. 죽음이

오면, 영혼(프쉬케)은 육체, 즉 "남자의 힘과 젊음"을 남겨 놓고 저승, 즉 하데스의 집으로 날아간다고 생각되었던 것으로 보인다.

> 마침내 죽음이 그에게 왔고,
> 그의 영혼은 남자의 힘과 젊음을 남겨 놓고
> 자신의 운명을 비통해하며 죽은 곳을 떠나
> 하데스의 집으로 날아갔다.
> τέλος θανάτοιο κάλυψε,
> ψυχὴ δ' ἐκ ῥεθέων πταμένη Ἄϊδος δὲ βεβήκει
> ὃν πότμον γοόωσα λιποῦσ' ἀνδροτῆτα καὶ ἥβην. (16.855-857)

헥토르의 죽음

치열한 전투 끝에 파트로클로스의 시신을 그리스군이 되찾아 오자 이를 본 아킬레우스는 분노가 치민다. 그는 빼앗긴 무구를 다시 마련하고 전장으로 나간다. 헥토르에게 복수하기 위해서다. 결국 그리스군이 트로이아군을 트로이아 성벽까지 밀어붙이자 트로이아인들은 성벽 안으로 피한다. 이때, 헥토르만이 성벽 밖에 남아 아킬레우스와 대결을 하려고 한다. 파트로클로스가 전쟁에 나가려고 할 때 아킬레우스가 그에게 경고했듯이, 헥토르의 아버지 프리아모스 왕은 아들이 대결을 하지 않도록 설득한다.

> 그러니 제발, 성안으로 들어오너라, 나의 아들아! 그래야 네가
>
> 트로이아인들을 구하고 펠레우스의 아들에게
>
> 큰 영예를 주지 않고, 너 자신도 너의 소중한 목숨을
>
> 뺏기지 않는다.
>
> 그리고 아직은 감정이 살아 있는 나를 불쌍히 여겨다오!
>
> (22.56-59)

그러나 운명을 맞이하는 영웅의 모습은 늘 그렇듯 완고하다. 파트로클로스가 네 번을 공격했던 것처럼 헥토르 역시 물러서지 않았다.

> 마치 산속의 뱀이 자기 굴에서 사람을 기다리듯이,
>
> 악마의 풀을 먹고 독기에 차서
>
> 굴 안에서 똬리를 틀고 상대를 노려보듯이,

헥토르는 그의 번쩍이는 방패를 돌출된 탑에 기대어 놓고

용기로는 절대 지지 않으며, 대결을 포기하지 않았다.

(22.93-97)

    그러나 아킬레우스가 다가오자 갑자기 두려움에 휩싸인 헥
토르는 성벽 주위를 달려 도망가기 시작한다. 성벽 안으로 도
망가고 싶어도 아킬레우스가 막아 들어갈 수 없다. 제우스가
보기에도 딱하다(22.168-172). 파트로클로스가 네 번째 공격에
서 죽음을 맞이했듯이 헥토르도 네 바퀴째에 제우스가 황금
저울 위에 아킬레우스와 헥토르의 운명을 올려놓는다. 이때
저울이 헥토르 쪽으로 기울어져 헥토르의 운명이 하데스의 집
으로 떨어진다(22.208-214). 이를 본 아테나가 바로 행동에 나
선다. 아폴론은 안타까움에 뒤돌아선다. 그녀는 헥토르의 동
생 데이포보스의 모습으로 헥토르에게 다가가 싸울 것을 설득
한다. 동생이 곁에 와서 같이 싸워주는 것으로 착각한 헥토르
는 돌아서서 아킬레우스와 대결한다. 그러나 곧 자신이 착각
한 것을 깨닫고 다음과 같이 죽음을 예견한다. 헥토르의 죽음
역시, 파트로클로스의 죽음과 마찬가지로 신들이 개입한다.
아테나의 도움 없이는 영웅 아킬레우스도 헥토르를 죽일 수

없었을 것이다.

아아! 드디어 신들께서 진실로 나를 죽음으로 부르시는구나.

나는 전사 데이포보스가 내 곁에 도와주려고

와 있는 줄 알았는데

그는 성안에 있으니, 아테나는 나를 속였다.

확실히 사악한 죽음이 가까이 왔고 나에게서 멀지 않으니

피할 수 없다.

그렇다면 이것은 오래전부터 제우스와 제우스의 멀리 쏘는

아들이 생각해 두었던 것인가!

그분들이 전에는 나를 온 마음으로 도와주셨지만,

이제는 운명이 나에게 왔도다!

그러나 싸우지 않고 죽지는 않을 것이다. 명예 없이는 더더욱.

후대의 사람들이 들어서 알 만한 대단한 일을 하고서

죽으리라. (22.297-305)

결국 대결에 들어가자 아킬레우스는 헥토르의 약점을 찾는
다. 그는 헥토르의 쇄골을 창으로 찌른다(22.321-327). 아직 죽
지 않았던 헥토르는 트로이아의 가족들이 자신의 시신을 화장

할 수 있도록 시신을 돌려주기만 해달라고 마지막 탄원을 한다(22.340-343). 그러나 아킬레우스는 복수의 뜻으로 장례를 치르지 못하게 할 것이며, 개 떼와 새 떼가 시신을 뜯어먹게 할 것이라고 한다(22.351-354). 결국 파트로클로스와 같은 죽음이 헥토르에게도 찾아온다.

> 마침내 죽음이 그에게 왔고,
> 그의 영혼은 남자의 힘과 젊음을 남겨 놓고
> 자신의 운명을 비통해하며 죽은 곳을 떠나
> 하데스의 집으로 날아갔다.
> τέλος θανάτοιο κάλυψε,
> ψυχὴ δ' ἐκ ῥεθέων πταμένη Ἄϊδος δὲ βεβήκει
> ὃν πότμον γοόωσα λιποῦσ' ἀνδροτῆτα καὶ ἥβην. (22.361-363)

트로이아인들이 헥토르의 시신을 수습할 수 없도록 그리스인들이 헥토르의 시신을 많이 찔렀다(22.375). 이는 복수의 뜻으로 영혼이 힘을 쓰지 못하도록 하는 미신이었을 것으로 생각된다. 이것도 모자라 아킬레우스는 헥토르의 시신을 전차에 매달고 성벽 주위를 돌기까지 한다. 죽음에 대한 복수는 시신까지도 해쳐야 직성이 풀리는 것이었던 모양이다.

아킬레우스의 애도

『일리아스』에서 죽음에 대한 주변인의 태도는 어떠한가? 당
연히 슬픔이다. 아킬레우스는 파트로클로스의 죽음 소식을 전
해 듣자 바로 다음과 같은 행동을 한다.

> 그는(아킬레우스) 양손으로 검은 재를 쥐어
>
> 머리에 뿌리고 그의 잘생긴 얼굴을 더럽혔다.
>
> 그의 향기로운 옷에도 검은 재가 떨어졌다.
>
> 그리고 검은 재 위에 큰 대 자로 드러누워,
>
> 장대한 모습은 그대로였지만,
>
> 머리를 제 손으로 쥐어뜯었다. (18.23-27)

여기서 슬픔을 드러내는 것은 더러운 것을 얼굴과 옷에 묻
히고, 머리를 쥐어 뜯는 행동이다. 이런 행동은 『일리아스』와
동시대인 기원전 8세기 기하학기 도기의 그림에서도 자주 등
장한다. 아마도 일반적인 행위였을 것으로 생각된다. 파트로

클로스의 시신이 당도하자 아킬레우스가 통곡하기 시작했다. 다른 이들도 그를 따라 울었으며, 시신 주위를 세 바퀴 돌고, 아킬레우스가 망자에게 하고 싶은 말을 했다(23.17-23). 이어서 자리에 함께한 사람들에게 풍성한 장례 음식을 대접했다. 황소, 양, 염소, 돼지 등 푸짐한 고기가 준비되었고, 많은 양의 피를 흘렸다(23.28-34). 희생 제의를 지냈을 가능성도 있다. 충분한 음식을 준비하여 "공평한 식사 덕에 부족한 것이 하나도 없었다"고 한다(23.56).

그때 아킬레우스에게 파트로클로스의 영혼이 찾아왔다. 모습이며 눈빛이 생전의 그의 모습과 똑같았고, 옷도 같은 옷을 입고 있었다고 한다(23.65-67). 그의 영혼은 육체를 떠나야 하는데 아직 떠나지 못한 상태이다. 그는 장례를 치러달라고 친구에게 애원한다.

> 자 어서 나의 장례를 치러 내가 하데스의 문을
> 통과할 수 있게 해 주시오.
> 망자의 그림자인 혼령들이 나를 멀리 내몰아
> 강 건너에 있는 그들과 함께하지 못하게 하니,
> 나는 할 수 없이 대문이 넓은 하데스의 집 주위를 돌고 있소.

눈물로 탄원하니, 그대의 손을 잡아 봅시다!

당신들이 나를 화장하면 나는 다시는 하데스의 집으로부터

돌아오지 못할 테니. (23.71-76)

아킬레우스는 두 팔을 내밀었지만 그를 잡지는 못한다. 파트로클로스의 영혼이 소리를 내며 연기처럼 땅속으로 꺼졌기 때문이다(23.99-101). 이때의 영혼은 구천을 헤매고 있지만, 저승으로 가지 못하는 상태다. 장례를 제대로 못 지냈기 때문이다. 육체를 정상적으로 떠난 영혼이 하데스의 집으로 편안하게 들어가도록 해 주는 것이 바로 장례식이다. 장례식 장면이 이어진다.

그들은 바닷가에 참나무 더미를 내려놓은 뒤 함께 모여 앉는다. 그러자 아킬레우스가 미르미도네스족에게 자신과 말들을 무장하고 대열을 갖추라 명한다. 이들은 파트로클로스를 운구한다. 시신은 그들의 머리털로 덮여 있다. 애도의 뜻으로 그들이 잘라 던진 것이다. 아킬레우스가 정한 장소에 이르자 이들은 시신을 내려놓고 나무를 쌓아 올린다. 아킬레우스는 고향을 떠나올 때 아직 어려 성년식을 하지 않았기에 머리털을 자르지 않았었다. 그러나 사랑하는 친구의 장례에 그는 자

신의 머리털을 잘라 친구의 손에 쥐어준다(23.152-153). 다른 사람들은 식사를 하러 자리를 떠나고 고인과 가장 친했던 사람들이 남아서 나무를 계속 쌓는다. 그들은 장작더미 꼭대기에 시신을 올려놓고 가축과 황소의 껍질을 벗겨 기름을 떼어내 시신을 싼다. 시신 주변에는 가죽을 벗긴 고기를 쌓아 올리고, 꿀과 기름이 든 암포라(항아리)를 기대 놓았다.

또한, 말 네 마리와 망자가 키우던 개 아홉 마리 중 두 마리, 트로이아인 열 두 명을 청동으로 죽이고 나서 그 위에 올렸다. 그리고 장작더미에 불을 붙였다. 장작더미는 밤새 탔고, 아킬레우스 역시 밤새도록 헌주하며(포도주를 부어 애도하는 행위) 파트로클로스의 혼백을 달랬다. 새벽이 되어서야 불이 꺼지기 시작했다. 그들은 불기를 포도주로 끄고 파트로클로스의 뼈를 잘 구분하여 모았다. 그리고 뼈를 두 겹의 기름으로 싸서 황금 항아리에 넣어 두었다. 이어서 무덤이 설 자리를 표시하고 기초를 다진 후에 흙더미를 쌓아 올렸다. 무덤을 만든 후 장례 경기를 치렀다.

프리아모스의 애도

프리아모스와 그의 아내 헤카베 역시 헥토르의 죽음을 보고 아킬레우스가 파트로클로스의 죽음 소식을 들었을 때와 같은 행동을 한다.

> 그의(헥토르) 어머니는 아들을 보자 자기 머리털을 쥐어뜯고
> 빛나는 베일을 벗어 멀리 던지며 큰 소리로 통곡했다.
> 그의 아버지도 슬피 울었고, 온 도시의 사람들도
> 모여들어 큰 소리를 내거나 울었다. (22.406-409)

아킬레우스가 헥토르의 시신에 대해 도에 지나친 행동을 하는 것을 보고 신들의 세계에서도 의견이 분분해졌다. 특히 헥토르의 편에 있던 아프로디테는 헥토르의 시신을 돌려줘야 한다고 주장한다(24.50-54). 결국 제우스는 아킬레우스의 어머니 테티스를 시켜 아킬레우스를 설득하도록 한다. 테티스는 아킬레우스에게 헥토르의 몸값을 받고 시신을 프리아모스에게 돌려주라고 말한다(24.133-137). 프리아모스에게도 아킬레우스에게 가서 몸값을 주고 헥토르의 시신을 찾아오라고 알려주려

이리스가 파견되어 도착해 보니 트로이아인들의 슬픔이 매우
컸다.

> 그녀가(이리스) 프리아모스의 집에 도착해 보니
> 그곳에는 큰 소리와 통곡 소리가 가득했다.
> 자식들은 아버지 곁에 모여 앉아 눈물로 옷을 적셨고
> 그 가운데의 늙은 왕은 망토로 꼭 싸고 있었다.
> 노인의 머리와 목에는
> 땅 위에서 자기가 손으로 쥐어 뒤집어쓴 더러운 것이
> 잔뜩 묻어 있었다. (24.160-165)

　프리아모스 역시 더러운 것을 온몸에 묻히고 있는 것을 볼
수 있다. 슬픔에 빠졌을 때 몸을 더럽히고 머리를 쥐어 뜯는
것이 당시 일반적인 양식이었던 것으로 보인다.
　이리스의 전언을 들은 프리아모스는 여성복 열두 벌과 외투
열두 벌, 열두 개의 깔개와 열두 벌의 겉옷과 윗옷, 황금 열두
탈란톤, 세발솥 두 개, 가마솥 네 개, 아름다운 술잔 한 개를 아
들의 몸값으로 챙겨 아킬레우스에게로 출발한다(24.228-234).
출발하기 전 노인은 손을 씻고 헌주하며 제우스에게 길조를

보여달라고 기도한다. 제우스는 검정 독수리를 보낸다(24.303-321). 가는 길에는 헤르메스가 동행하여 보초의 눈에 띄지 않도록 했다. 프리아모스가 마침내 아킬레우스를 만났을 때, 이들은 신에 의해 모두 준비가 되어 있었기에, 프리아모스는 아킬레우스의 발 앞에 쓰러져 아들을 위해 눈물을 흘렸으며, 아킬레우스는 한편으로는 자신의 아버지가 생각나서, 또 다른 한편으로는 파트로클로스가 생각나서 울었다. 그렇게 둘의 울음소리로 집이 가득 찼다고 한다(24.509-512).

헥토르의 시신을 돌려줄 준비를 하기 위해 아킬레우스는 전우들 중에서 자신이 파트로클로스 다음으로 존중하는 아우토메돈과 알키모스를 불렀다. 이들은 프리아모스가 가져온 수레에서 헥토르의 몸값을 내렸다. 아킬레우스는 헥토르의 시신을 쌀 수 있도록 두 벌의 겉옷과 한 벌의 윗옷을 남겨두라 명하였다. 또한, 하녀들에게 시신을 씻기고 기름을 발라주라고 명령했다. 준비된 헥토르의 시신은 수레에 실었다. 그리고 나서 아킬레우스는 은빛 숫양을 한 마리 잡고 빵을 준비하여 프리아모스에게 식사를 대접하고 잠자리를 마련했다. 또한, 헥토르의 장례를 치르는 열하루 동안은 전쟁을 하지 않기로 약속했다(24.573-667). 그러나 이러한 대접에도 헤르메스는 프리아모

스를 깨워 그리스 진영 밖으로 데리고 나간다(24.679-691). 아직
그리스와 트로이아는 전쟁중이라는 것을 잊지 말라는 것이다.

트로이아 성안에 도착하자 많은 이들의 애도가 시작되었다.
그리고 아흐레 동안 준비하여 열흘 째에 장례를 치렀다. 장례
를 치른 과정은 다음과 같다. 장례를 치르는 모습은 파트로클
로스의 장례식과 거의 유사하다.

> 그러나 인간에게 빛을 비추는 새벽이 열 번째로 밝았을 때
> 그들은 가는 동안 눈물을 흘리며 담대한 헥토르를
> 밖으로 모시고
> 그의 시신을 높은 장작더미 위에 올려놓고
> 그 아래 불을 지폈다.
> 장밋빛 손가락을 가진 새벽이 나타나자마자
> 영예로운 헥토르의 장작더미 주변으로로 사람들이 모여들었다.
> 그들이 모두 다 모여서 만났을 때
> 제일 먼저 그들은 불의 힘이 닿은 장작들을 모두 포도주로 껐다.
> 그리고 그의 형제들과 친구들이 애도하며 그의 흰 뼈를 모았고
> 그들의 볼에는 커다란 눈물 방울이 계속해서 흘러내렸다.
> 그들은 모은 뼈를 황금 항아리에 담고

그것을 보라색 천으로 쌌다.

그리고 곧바로 항아리를 빈 구덩이에 넣고

그 위에 큰 돌을 잘 맞추어 쌓아 올렸다.

그들은 재빨리 봉분을 쌓았다.

그 주변에는 보초들을 세웠는데, 훌륭한 정강이받이를 댄

아카이오이족이 기습해 올까봐서다.

봉분을 쌓고 나서 그들은 돌아갔다.

그리고 그들은 모두 제우스의 양자인

프리아모스 왕의 집에 모여

합당하게 차린 성찬을 나눠 먹었다.

이렇게 그들은 말을 훈련하는 헥토르의 장례를 치렀다.

(24.785-804).

호메로스가 생각한 죽음

그리스와 트로이아는 서로 다른 문화였을 테지만, 호메로스
가 아마도 하나의 문화로 혼동하여 썼을 가능성이 있다. 이는
기원전 8세기 당시 사람들이 영웅들의 장례에 시신을 화장했
고, 뼈를 골라내어 황금 항아리에 담아 화장한 자리에 놓고 봉

분을 쌓아 무덤을 만들었다고 믿었다는 것을 보여준다. 당시의 영웅 숭배와 조금 후대의 조상 숭배는 이러한 문헌 전승에 근거한 것이다. 영웅들의 죽음은 그 운명을 받아들이고자 한 완고함 때문에 영예롭다. 이들은 신들에 의해 어쩔 수 없는 운명에 놓인 것이면서도 이를 담대하게 받아들인다. 그럼에도 불구하고 주변인들의 슬픔은 여전하다. 사랑하는 사람이 죽은 사람들은 온몸에 더러운 것을 묻히고 머리를 쥐어뜯으며 고인을 애도했다. 그리고 고인의 영혼이 육체를 떠나 편안히 하데스로 갈 수 있도록 장례를 치렀다. 이는 그리스의 영웅 파트로클로스와 트로이아의 영웅 헥토르에게서 공히 나타나는 것으로 호메로스가 강조하고자 했던 죽음의 관념을 보여준다고 할 수 있겠다.

★ 집필자 소개

김학중 : 경희대학교 후마니타스칼리지에 출강하고 있다. 선천성 저시
력 장애인이다. 경희대학교에서 영문학사, 국문학 석사, 국문
학 박사를 받았다. 2009년『문학사상』신인상으로 등단해 시
인으로 활동하고 있다. 2017년 첫 시집『창세』를 발간하였으며
그해 제18회 박인환문학상을 받았다. 청소년시집『포기를 모
르는 잠수함』, 소시집『바탕색은 점점 예뻐진다』, 시집『바닥의
소리로 여기까지』를 펴내며 활발한 시작활동을 하고 있다. 편
저로『오일도 시선』등이 있고 공저로『최남선 평론선집』,『키
워드로 읽는 아프리카 소설1~2』,『한국 현대시의 공간연구』등
이 있다. 주요 논문으로「기원과 이식」,「임화 시에 나타난 “태
평양”의 의미 연구」등이 있으며 전남대학교 〈AI+알파〉 융복
합강의 교재 필진으로도 참여했다. 2022년 웹진 나빌래라, 런
던 주재 한국문화원 및 킹스턴대학교 초청작가로 영국에서 문
학 강연을 했다.

우찬제 : 서강대학교 국어국문학과 교수. 서강대학교 경제학과를 졸업
하고 같은 학교 국문학과 대학원에서 문학석사와 문학박사 학
위를 받았다. 1987년 중앙일보 신춘문예를 통해 등단하여『세

계의 문학』, 『오늘의 소설』, 『포에티카』, 『HITEL문학관』, 『문학과사회』 편집위원을 역임했고, 대산문학상·팔봉비평문학상·김환태평론문학상·소천이헌구비평문학상 등을 수상했다. 미국 아이오와대학, 캐나다 브리티시콜럼비아대학 방문교수를 지냈다. 문학비평과 수사학 분야를 연구하며, 최근에는 주로 기후 침묵을 넘어서서 기후 행동으로 나아가기 위한 환경 인문학적 실천을 모색하고 있다. 저서로 『욕망의 시학』, 『상처와 상징』, 『타자의 목소리─세기말 시간의식과 타자성의 문학』, 『고독한 공생─밀레니엄 시기 소설 담론』, 『텍스트의 수사학』, 『프로테우스의 탈주』, 『불안의 수사학』, 『나무의 수사학』, 『애도의 심연』과 공역서로 『서사학 강의』, 편저로 『오정희 깊이 읽기』, 공편저 『한국문학선집: 소설 2』, 『4.19와 모더니티』, 『우리 안의 파시즘 2.0』, 『#생태_시』, 『#생태_소설』 등이 있다.

최성민 : 경희대학교 인문학연구원 HK+통합의료인문학연구단 HK교수. 서강대학교에서 문학사, 문학석사, 문학박사 학위를 받았다. 2004년 세계일보 신춘문예에 평론부문에 당선되어 문학평론가로 활동했다. 연세대학교 박사 후 연구원으로 디지털 게

임 서사를 연구했고, 서강대학교에서 대우교수로 재직하며 문학과 교양 과목 강의를 담당했다. 현재는 경희대학교 인문학연구원에 재직하면서 다양한 미디어 서사텍스트들을 통해 의료인문학의 연구 범위를 확장시키고 대중화시킬 방법을 고민하고 있다. 주요 저서로는 『다매체 시대의 문학 이론과 비평』, 『근대서사텍스트와 미디어테크놀로지』, 『화병의 인문학: 근현대편』(공저), 『어떤죽음 : 연예인편』(공저), 『죽음의 인문학』(공저) 등이 있고, 「한국 의학드라마 연구 현황과 전망」, 「팬데믹의 현재와 백신의 미래」 등의 논문이 있다.

이상덕 : 경희대학교 인문학연구원 HK+통합의료인문학연구단 HK교수. 고려대학교에서 문학사, 문학석사를 받고, 옥스퍼드 대학교에서 고전고고학 MPhil을, 킹스칼리지 런던 대학교에서 고대사 전공으로 PhD를 받았다. 고려대학교, 강원대학교, 건국대학교 등에서 서양사 강사로 재직했다. 현재는 경희대학교 인문학연구원에 재직하면서 의료사를 연구하고 있다. 특히 고대 그리스의 의학을 공부하며, 히포크라테스로 대표되는 과학적 의학과 아스클레피오스로 대표되는 종교적 의학 사이에서

인간이 그 본질을 알기 어려운 질병과 인간의 몸에 대해 어떻게 알려고 노력하고 탐구했는지를 연구하고 있다. 주요 저서와 역서로는 『어떤 죽음 : 연예인편』(공저), 『죽음의 인문학』(공저), 『고대 그리스』(역서) 등이 있고, 「Amphiaraos, the Healer and Protector of Attika」, 「고대 그리스 비극에 나타난 미아스마(miasma) 개념과 히포크라테스」 등의 논문이 있다.

경희대학교 인문학연구원 / HK+통합의료인문학연구단 / 통합의료인문학문고05

어떤 죽음2—죽음에 대한 인문학이야기: 문학 속 인물편

등록 1994.7.1 제1-1071
1쇄 발행 2023년 2월 1일

기 획 경희대학교 인문학연구원 HK+통합의료인문학연구단
지은이 김학중 우찬제 최성민 이상덕
펴낸이 박길수
편집장 소경희
편 집 조영준
관 리 위현정
디자인 이주향
펴낸곳 도서출판 모시는사람들
      03147 서울시 종로구 삼일대로 457(경운동 수운회관) 1207호
전 화 02-735-7173, 02-737-7173 / 팩스 02-730-7173

인 쇄 (주)성광인쇄(031-942-4814)
배 본 문화유통북스(031-937-6100)
홈페이지 http://www.mosinsaram.com/

값은 뒤표지에 있습니다.
ISBN 979-11-6629-149-4   04000
세트   979-11-88765-98-0   04000

* 잘못된 책은 바꿔 드립니다.
* 이 책의 전부 또는 일부 내용을 재사용하려면 사전에 저작권자와 도서출판
  모시는사람들의 동의를 받아야 합니다.

이 저서는 2019년 대한민국 교육부와 한국연구재단의 지원을 받아 수행된
연구임(NRF-2019S1A6A3A04058286).